AMOR, VIDA E TRABALHO

ELBERT HUBBARD

UM GUIA ESSENCIAL E INOVADOR

AMOR, VIDA E TRABALHO

EXPLORE COMO O AMOR E A DEDICAÇÃO PODEM TRANSFORMAR SUA VIDA E SEU TRABALHO. ESTE GUIA INSPIRADOR ENSINA A ENCONTRAR PROPÓSITO, SIGNIFICADO E REALIZAÇÃO, MOSTRANDO COMO VIVER COM PAIXÃO E ALCANÇAR SEUS OBJETIVOS MAIS PROFUNDOS.

Camelot EDITORA

ENCONTRE MAIS
LIVROS COMO ESTE

Título original em inglês: *Love, life and work.*
1ª edição 1906, Nova York.

1ª Impressão 2025

Presidente: Paulo Roberto Houch
MTB 0083982/SP

Coordenação Editorial: Priscilla Sipans
Coordenação de Arte: Rubens Martim (capa)
Produção Editorial: Eliana S. Nogueira
Tradução: Graça Pinheiro
Diagramação: Fernando Gomes
Revisão: Juliana Bojczuk
Apoio de Revisão: Camila Somera

Vendas: Tel.: (11) 3393-7727 (comercial2@editoraonline.com.br)

Impresso na China.
Foi feito o depósito legal.

Dados Internacionais de Catalogação na Publicação (CIP)
de acordo com ISBD

H875a Hubbard, Elbert

Amor, Vida e Trabalho / Elbert Hubbard. – Barueri :
Camelot Editora, 2024.
96 p. ; 15,1cm x 23cm.

ISBN: 978-65-6095-224-9

1. Autoajuda. I. Título.

2025-491 CDD 158.1
CDU 159.947

Elaborado por Vagner Rodolfo da Silva - CRB-8/9410

IBC — Instituto Brasileiro de Cultura LTDA
CNPJ 04.207.648/0001-94
Avenida Juruá, 762 — Alphaville Industrial
CEP. 06455-010 — Barueri/SP
www.editoraonline.com.br

Sumário

UMA PRECE

Na prece suprema do meu coração, não peço para ser culto, rico, famoso, poderoso, ou "bom", mas simplesmente ser radiante. Desejo irradiar saúde, alegria, calma, coragem e boa vontade. Desejo viver sem ódio, extravagância, inveja ou medo. Desejo ser simples, honesto, franco, natural, limpo de mente e corpo, impassível, pronto para dizer "eu não sei" se for necessário, e ver todos os homens com absoluta igualdade para encarar qualquer obstáculo e enfrentar todas as dificuldades sem medo nem pudor.

Desejo também que todos tenham uma vida plena e que vivam da melhor maneira. Para isso, oro para nunca me intrometer, interferir, mandar, dar conselho indesejado ou amparar quando não seja preciso. Se eu puder ajudar as pessoas, será dando-lhes a oportunidade de se ajudarem; se eu puder animar ou inspirar, que seja pelo exemplo, inferência e sugestão, ao invés de ordem ou imposição. Ou seja, desejo ser radiante, e irradiar vida.

VIDA E EXPRESSÃO

O espírito cresce pelo exercício de suas faculdades, da mesma forma que os músculos se fortalecem com o uso contínuo. A expressão é necessária. A vida é expressão e a repressão é estagnação, é morte.

No entanto, pode haver a expressão certa e errada. Se um homem vive desenfreadamente e permite expressar apenas o lado selvagem da sua natureza, está reprimindo sua face mais elevada, enquanto suas qualidades não usadas se atrofiam e morrem.

Os homens são castigados pelos seus pecados, não por causa deles. A sensualidade, a gula e a libertinagem reprimem a vida do espírito, e a alma nunca floresce; isso é exatamente perder a alma. Ao longo dos séculos, os pensadores vêm observando essas verdades e voltamos a ver pessoas abandonando, horrorizadas, a vida dos sentidos para se dedicar à vida do espírito. Essa questão da expressão através do espírito, ou dos sentidos — através do corpo e da alma — tem sido um ponto fundamental de toda a filosofia, além de uma inspiração para todas as religiões.

Toda religião é composta de dois elementos que nunca se misturam, assim como a água e o óleo. Uma religião é uma mistura mecânica (não uma reação química) de moralidade e dogma. O dogma é a ciência do invisível: a doutrina do desconhecido e do incognoscível. E, a fim de oferecer algo plausível a essa ciência, seus predicantes sempre associaram a ela a moralidade. A moralidade pode existir (e existe) de forma separada e completamente à parte do dogma, mas o dogma nunca paralisou a moralidade; o trabalho do padre é confundir os dois.

Mas a moralidade e a religião nunca se misturam. A moralidade é simplesmente expressar suas forças vitais — como usá-las. Você tem tanta energia, o que fará com ela? Fora da multidão, sempre houve pessoas que deram um passo à frente e lhe deram conselhos como contraprestação. Sem a suposta influência deles sobre o invisível, poderíamos não aceitar sua interpretação sobre o que é certo ou errado. Mas, com a certeza de que seu conselho é apoiado pela divindade, seguido da oferta de uma recompensa se acreditarmos e da ameaça de uma punição terrível se não acreditarmos, a autoproclamada classe superior manipulou os homens como bem-quis. A evolução das religiões formais não é um processo complexo, e o fato de elas incorporarem esses dois pontos que não se misturam, o dogma e a moralidade, é uma verdade muito clara e simples, facilmente vista de maneira indiscutível por qualquer homem razoável. E diga-se que a moralidade da maioria das religiões é boa. O amor, a verdade, a caridade, a justiça e a mansidão são ensinadas em todas elas. Entretanto, como as regras da gramática grega, há várias exceções. Assim, na moralidade das religiões, há exemplos excepcionais que constantemente aparecem onde o amor, a verdade, a caridade, a mansidão e a justiça são prescindidas por sugestão da classe superior, para que depois se obtenha o bem. Se não fosse por essas exceções, não haveria guerras entre as nações cristãs.

A questão de como expressar sua vida provavelmente nunca desaparecerá, pois os homens têm diferentes temperamentos e tendências. Alguns não conseguem cometer certos pecados da carne; há outros que, perdida sua inclinação pela sensualidade devido a muita condescendência, tornam-se ascetas. Ainda assim, todos os sermões tratam somente de um assunto: como a vida deveria ser expressa? E entre o ascetismo e a condescendência oscilam os homens e as raças.

O ascetismo atualmente tem uma manifestação interessante na ordem dos monges trapistas, que vivem praticamente inacessíveis no cume de uma montanha. Eles se privam de quase todo vestígio de conforto corporal, passam semanas sem comer, usam vestes desconfortáveis e passam frio; caso algum monge dessa ordem olhe para uma mulher, acha que está em perigo imediato de perdição. Assim, aqui encontramos um exemplo extremo de homens que reprimem as faculdades do corpo para que o espírito possa encontrar bastante tempo e oportunidade para o exercício.

A verdade está entre essa extrema repressão do monge e a libertinagem do sensualista. Mas exatamente em que ponto? Eis a grande questão. Foi o desejo de uma pessoa — que pensa que descobriu a norma, para compelir todos os outros homens a pararem nesse ponto — que levou à guerra e a incontáveis conflitos. Todos os centros da lei giram em torno desse ponto: o que os homens deveriam poder fazer? Dessa forma, encontramos estatutos para punir "atores de teatro itinerante", "violinistas", "perturbadores da consciência pública", "pessoas que dançam de forma atrevida", "blasfemadores". Na Inglaterra, em 1800, havia 37 ofensas passíveis legalmente de morte. Qual expressão é correta ou errada? Isso é simplesmente uma questão de opinião. Uma denominação religiosa que existe atualmente não permite cantar; a música instrumental tem sido para alguns uma rocha de escândalo, que excita o espírito por meio da audição a pensamentos impróprios — "através do prazer lascivo do alaúde"; outros acham que dançar é perverso; há quem permita um pouco de música de órgão de tubos, mas que limite o violino; finalmente, há aqueles que usam uma orquestra inteira durante o serviço religioso. Há uns que consideram as imagens como instrumentos de idolatria; enquanto os batistas menonitas consideram os botões imorais.

Os indivíduos geralmente testemunham evoluções estranhas. Por exemplo, Leon Tolstói, grande e bom homem, em algum momento, um sensualista, virou ascético, uma evolução comum na vida dos santos. Mesmo sendo um homem excelente, há uma imperfeição grave no seu cosmo que, em certo grau, corrompe a verdade que ele quer ensinar: ele deixa o elemento da beleza fora da sua fórmula. Como não liga para a harmonia estabelecida em cores, formas e doces melodias, ele está inclinado a negar todas essas outras coisas que influem no bem-estar. Existe uma ânsia por beleza na maioria das almas, da mesma forma que existe a vontade de comer. A beleza fala ao espírito através dos sentidos; mas Tolstói tinha sua casa desprovida de tudo, no limite da privação. Minha veneração pelo conde Tolstói é profunda, embora eu o mencione aqui para demonstrar o terrível perigo que existe em permitir que qualquer homem, mesmo um sábio, nos imponha o que é melhor. Nós somos os melhores juízes. A maioria das crueldades assustadoras infligidas aos homens durante o passado surgiu simplesmente da diferença de opinião que decorreu de temperamentos distintos. A questão está tão viva hoje quanto há dois mil anos: qual expressão é a melhor? Ou seja, o que devemos fazer para sermos salvos? É um completo absurdo dizer que devemos todos fazer o mesmo. Se os humanos algum dia irão amadurecer a ponto de deixarem a questão da expressão da vida para o indivíduo, é um ponto; mas o milênio não chegará até que os homens deixem de obrigar os outros a viverem segundo um padrão.

A maioria das pessoas está ansiosa para fazer o que é melhor para elas, causando o menor prejuízo a outras. O homem comum é bastante inteligente hoje: a Utopia não está longe, se o autoproclamado povo que nos governa e nos ensina mediante compensação estiver disposto a fazer pelos outros o que gostaria que fizessem com ele, ou seja, cuidar dos próprios assuntos e deixar de cobiçar as coisas alheias. A guerra entre as nações e as disputas entre indivíduos são resultados da avareza do espírito que tudo quer.

Um pouco mais de paciência, um pouco mais de caridade, um pouco mais de amor; menos reverência ao passado, e o silêncio que ignora a autoridade fingida; um bravo olhar para o futuro, com mais autoconfiança e mais fé nos nossos semelhantes. Com isso, a humanidade estará pronta para uma explosão de vida e luz.

TEMPO E OPORTUNIDADE

Como o assunto é meio complexo, terei que explicá-lo. O primeiro ponto é que não há muita diferença entre a inteligência das pessoas, afinal de contas. O grande homem não é tão fantástico quanto acham, e o homem sem graça não é tão ridículo quanto parece. A diferença na nossa opinião sobre os homens reside em que alguns conseguem expor sua mercadoria na vitrine, enquanto outros nem perceberam ainda que têm vitrine ou mercadoria.

"A alma sabe de tudo, o conhecimento é apenas uma recordação", diz Emerson. Essa declaração parece muito abrangente; mesmo assim, permanece a ideia de que a grande maioria das pessoas sabe mil vezes mais do que imagina. Lá, no silêncio profundo da subconsciência, há um número sem fim de verdades, cada uma aguardando o momento de ser invocada por seu dono. Para usar esses pensamentos armazenados, você deve expressá-los a outros; e para poder expressá-los bem, sua alma deve voar alto no domínio do subconsciente, onde paira o esconderijo das experiências resultantes. Em outras palavras, você deve "sair" — sair de si mesmo — ir para longe da sua autoconsciência e entrar na região do olvido parcial, fora dos limites do tempo e do espaço. O grande pintor se esquece de tudo diante da sua tela; o escritor está alheio ao seu entorno; o cantor flutua nas asas da melodia (e leva junto sua audiência); o orador fala sem parar durante uma hora, quando lhe parece que foram apenas cinco minutos, tão absorto está em sua exaltação. Quando você alcança o sublime e expressa seu melhor, você se encontra sob um transe parcial. Todos os homens que entram nessa condição se surpreendem pela quantidade de conhecimento e extensão da compreensão que têm. Alguns que entram em um transe um pouco mais profundo, não tendo consciência do armazenamento milagroso de verdades nas células do subconsciente, chegam à conclusão precipitada de que sua inteligência é guiada por um espírito que não é próprio. Quando chegam a essa conclusão, começam a murchar lá no topo, pois confiam nos mortos e deixam de alimentar as nascentes do seu subconsciente.

A mente é uma questão dual — objetiva e subjetiva. A mente objetiva vê tudo, escuta tudo e raciocina; a subjetiva armazena, e apenas distribui quando a mente objetiva dorme. Como poucos homens cultivam o estado de semitranse, de absorção e de reflexão, em que a mente objetiva descansa, eles realmente nunca recorrem ao tesouro armazenado no subconsciente. Estão sempre autoconscientes.

Um homem de negócios pode ser atacado por seus semelhantes. Ele deve sempre estar bem alerta ao que acontece; do contrário, enquanto sonha, será despojado do direito de primogenitura por seu competidor. Então você vê por que os poetas são pobres e os artistas geralmente mendigam.

O resumo desse sermão é que todos os homens são igualmente ricos, mas apenas alguns, devido ao destino, conseguem reunir suas legiões mentais e contá-las, enquanto outros podem nunca conseguir fazê-lo.

Mas o que você acha necessário para que uma pessoa possa ter plena posse de todos os tesouros do seu subconsciente? Bem, eu vou lhe contar: não é conforto, prosperidade, amor correspondido, nem segurança mundana, nada disso.

"Você canta bem", disse o professor, impaciente, para o melhor aluno, "mas você nunca vai cantar divinamente até que tenha dado tudo por amor, tenha sido rejeitado e abandonado, humilhado e agredido, dado por morto. Então, se realmente não morrer, você retornará, e, quando o mundo escutar sua voz, vai confundi-la com a de um anjo e se jogará a seus pés."

A moral é que enquanto você estiver satisfeito e confortável, usa somente sua mente objetiva e vive no mundo dos sentidos. Mas deixe o amor ser arrancado das suas mãos e escapar como uma sombra — vivendo apenas como uma memória em uma sensação assombrosa de perda; deixe a morte chegar e o céu se fechar por algo menos valioso no mundo; ou, deixe mal-entendidos bobos ou derrotas esmagadoras transformarem você em pó, então você poderá se reerguer, esquecendo o tempo, o espaço e o eu, refugiando-se em mansões que não foram obra do homem; e encontre uma satisfação agridoce ao contemplar os tesouros guardados em um lugar em que a traça e a ferrugem não estragam, onde os ladrões não invadem e nem roubam.

Assim, olhando para o Eterno, você se esquece completamente do presente e sai pela Terra do Subconsciente — a Terra do Espírito, onde ainda habitam os deuses de épocas antigas e inocentes? Vale a pena?

PSICOLOGIA DE UM REAVIVAMENTO RELIGIOSO

Viajando para cima e para baixo por terra, há homens que administram feiras de rua.

É bom saber que uma feira de rua ou Mardi Gras nunca é uma expressão espontânea do espírito carnavalesco dos habitantes das cidades. Esses festivais são negócios — cuidadosamente planejados, bem divulgados e conduzidos com muita astúcia.

Os homens que administram as feiras de rua mandam antecipadamente representantes para negociarem com os comerciantes locais — isso garante que consigam as licenças necessárias.

Reserva-se uma semana para o carnaval: há muita propaganda, e os jornais, refletindo o desejo de muitas pessoas, dedicam páginas às maravilhas que virão. Os shows aparecem e com eles chegam os vendedores, contadores de histórias, palhaços, acrobatas, garotas em roupas provocantes, cantoras! As bandas tocam: chegou o carnaval! O objetivo da feira é fazer prosperar os negócios da cidade. O objetivo dos administradores da feira é ganhar dinheiro, o que fazem através da garantia dos comerciantes, de um percentual sobre as concessões ou de ambos.

Eu soube que nenhuma cidade cujos negócios estejam sobre uma base absolutamente segura recorrem a uma feira de rua, que aparece quando uma cidade rival parece estar ganhando mais do que sua fatia do comércio.

Quando os negócios de Skaneateles estão indo para Waterloo, então Skaneateles se rende a uma feira de rua.

O saneamento, o sistema de esgoto, o bom abastecimento de água, além das escolas e ruas pavimentadas, não vêm de jogar confete, tocar buzinas ou renunciar ao toque de recolher.

Seja um comércio que é realmente beneficiado pela feira de rua ou uma cidade que recebe ajuda para conseguir uma melhor base financeira através do ministério da batucada, aqui há um problema. Deixo esse tema aos estudantes de economia política e passo agora a um tema local nada teórico: os reavivamentos religiosos que vêm sendo realizado em várias partes do país foram um esquema de negócios cuidadosamente planejado. Certo F. Wilbur Chapman e seu corpo de associados bem-treinados podem ser considerados como pessoas que trabalham com o entusiasmo religioso local mediante uma compensação.

Os reavivamentos religiosos são administrados de forma semelhante às feiras de rua. Se a religião estiver em uma fase difícil na sua cidade, você pode contratar Chapman, o revivalista; da mesma forma, você também pode garantir os serviços de Farley, o fura-greves. Chapman e seus apoiadores vão de cidade em cidade, de povoado em povoado, trabalhando esse entusiasmo como um negócio. Eles recebem pagamento por esse trabalho, aproximadamente mil dólares por semana, ou o que consigam obter com as cobranças. Às vezes, trabalham com uma garantia; outras, por um percentual ou por honorários, ou por ambos.

Aviso àquelas cidades que necessitem de assistência do Sr. Chapman: mandem circulares, termos, condições e depoimentos. Se nenhuma alma se salvar, não há pagamento.

O elemento básico do reavivamento é o hipnotismo. O esquema de trazer a hipnose ou ofuscar o intelecto, leva gerações tentando o aperfeiçoamento. Inicialmente, o plano é deprimir o espírito a um ponto em que o indivíduo é incapaz de pensar de maneira independente. Música triste, voz monótona de aflição, apelos cheios de lágrimas ao Senhor, gemidos sombrios regados a exclamações devotas... tudo isso tende a produzir um efeito assustador no ouvinte. Insiste-se na ideia de que Deus desaprova — o pensamento de culpa, morte e tormento eterno. Se as vítimas puderem ser levadas a dar uma risada histérica, às vezes, o controle é ainda melhor. Não se dá oportunidade para descanso, equilíbrio ou pensamento sadio. Quando o momento parece oportuno, surge a promessa de alegria geral. A música dá uma guinada lenta. A voz do orador agora fala de triunfo: oferece perdão e logo a promessa da vida eterna.

A tentativa final é colocar a vítima de pé e fazê-la caminhar e reconhecer o fetiche. Feito isso, o converso se encontra entre agradáveis companheiros. Sua posição social melhorou, as pessoas o cumprimentam e perguntam, solícitas, por seu bem-estar. Esperam agora sua aprovação — sua posição é importante. Além disso, ele entende as sutilezas. Entende que será condenado em outro mundo se não reconhecer o fetiche, e também será condenado financeira e socialmente se não se unir à igreja. A intenção em todas as comunidades cristãs é boicotar e marginalizar aqueles que pensam de maneira independente. O fetiche fornece as desculpas pelo processo de hipnose. Sem presumir que há um Deus para agradar, uma condenação eterna e uma proposição de que você pode conseguir a vida eterna através de um mito, não há motivo sensato para as absurdas fórmulas hipnóticas.

Somos herdeiros do passado, do bem e do mal. Todos temos uma pitada de superstição, como uma cicatriz de sífilis. Para eliminar a tirania do medo e eliminar o constrangimento e a humilhação da nossa natureza parece ser o ideal para as mentes elevadas. Entretanto, o revivalista, como todos os homens de confiança, e conhecendo a natureza humana, conta com nossos medos e superstições e faz seu apelo à nossa cobiça: oferece-nos a absolvição e a vida eterna mediante compensação — para cobrir os gastos. Enquanto os homens receberem honras e dinheiro, puderem usar boas roupas e serem imunes ao trabalho só pregando superstições, eles o farão. A esperança do mundo está em reter o abastecimento dos devotos mendigos que buscam manter nossas mentes na servidão.

Essa ideia de um tribunal divino falido em que você pode ser perdoado ao pagar dez centavos de dólar, com a garantia de se tornar um indigente alado no céu, só é atraente para alguém bem assustado. Representantes avançados abrem caminho para os revivalistas ao arranjarem detalhes com o clero ortodoxo local. Universalistas, unitaristas, cientistas cristãos e befaymillitas são todos deliberadamente evitados. O objetivo é encher os bancos vazios das igrejas protestantes ortodoxas — elas pagam o frete e o vencedor fica com o espólio. O plano é debandar para a ortodoxia os intelectuais desavisados — crianças e adultos neuróticos. O elemento do chapéu e sinos do bobo da corte é amplamente representado na companhia seleta de Chapman de talentos germano-americanos: jogam sobre nós o confete da estupidez e nós esquivamos, rimos, escutamos e ninguém tem tempo para pensar, considerar, filtrar ou analisar. Há a explosão da retórica, o estalo da confissão, o grito rebelde e intercalado do triunfo, os gemidos de desespero, os gritos da vitória. Logo vêm as músicas de cantores pagos, o ribombar do órgão — levante-se e cante, ajoelhe-se e reze; súplicas, condenação, sofrimento, lágrimas, ameaças, promessas, alegria, felicidade, paraíso, bem-aventurança eterna. Decida agora — não há um minuto a perder, você ficará muito tempo no inferno!

Todo esse turbilhão é um plano cuidadosamente preparado, elaborado por embusteiros especialistas em confundir a razão, em embaralhar o intelecto e em transformar homens em palermas degradados.

Para quê?

Eu lhe direi: primeiro, para que o doutor Chapman e seus entusiastas possam ganhar honrarias baratas, estar imunes a toda forma de trabalho útil e ganhar dinheiro à custa de quem trabalha. Segundo, para que as igrejas ortodoxas não entrem em oficinas e escolas, mas que sejam eternamente o lar de uma superstição. Alguém poderia pensar que a promessa de tornar uma pessoa livre dos resultados de suas próprias maldades deixaria um homem de razão bastante indignado com esses religiosos. Porém, sob seu feitiço hipnótico, a mente de vários parece sofrer uma obsessão, eles são pegos em um redemoinho de tolices, como um atendente de mercearia nas mãos de um hipnotizador.

Em Northfield, Massachusetts, há uma faculdade onde ensinam e treinam homens em cada etapa dessa agradável episcopologia, da mesma forma que na Tonsorial College.

Há um bom sujeito conhecido pelo sugestivo nome de Domingo que faz o trabalho duro religioso. Domingo é o dervixe rodopiante até hoje. Ele, Chapman e os chamarizes evitam de propósito qualquer traço eclesiástico em seus trajes. Eles se vestem como caixeiros-viajantes: calças amassadas cuidadosamente, duas correntes de relógio e um colete abrigado. Sua forma de agir é franca e descontraída, sua atitude, familiar. A maneira como se dirigem ao Todo-Poderoso revela que sua reverência por Ele brota da suposição de que Ele se parece conosco.

A grosseria dos revivalistas, que recentemente convocaram reuniões para rezar por Fay Mills, foi demonstrada nas súplicas ardentes a Deus, em que rogavam para que Ele fizesse Mills se parecer com eles. Fay Mills fala da melhor maneira de viver a vida aqui e agora. Ele não profetiza o que acontecerá caso você não aceite sua crença, nem promete uma vida eterna como recompensa por pensar como ele. Ele entende que não tem o livre arbítrio da vida eterna. Fay Mills está mais interessado em ter uma alma que valha a pena salvar do que salvar uma alma sem valor. Chapman fala de almas perdidas como faria de botões de um colarinho perdidos embaixo da escrivaninha, como se Deus alguma vez perdesse algo; ainda comenta que nenhuma alma era verdadeiramente de Deus, portanto estavam sempre sob Sua custódia.

O doutor Chapman quer que todos os homens atuem da mesma forma e acreditem nas mesmas coisas, sem entender que o progresso é o resultado da individualidade, e que enquanto o homem pensa, esteja ele certo ou errado, está aprendendo. Ele também não entende que pensar errado é melhor do que não pensar, e que a única maldição consiste em deixar de pensar e aceitar as conclusões de outro. As verdades e conclusões finais são algo completamente impensável para as pessoas sensatas nos momentos sábios, mas esses revivalistas querem resumir a verdade para sempre e colocar seu selo de chumbo sobre ela.

Em Los Angeles há um pregador chamado McIntyre, um tipo como aquele descarado cardeal Belarmino, que exilou Galileu — um homem que nunca duvida da sua infalibilidade, que discursa como um oráculo e que vive falando do inferno para todos que discordam dele.

Nem precisa dizer que McIntyre não tem humor nenhum. Pessoalmente, prefiro os McGregors, mas em Los Angeles os McIntyres são populares. Foi McIntyre quem marcou uma reunião para rezar por Fay Mills e, ao propor o encontro, McIntyre teve o descaramento de anunciar que nunca tinha se encontrado com Mills, nem o escutado falar, tampouco tinha lido nenhum dos seus livros.

Chapman e McIntyre representam o tipo moderno de farisaísmo: com seu lenga-lenga e discurso extravagante em prol da igreja, esses homens dão uma longa vida às superstições. A superstição é a única infâmia — Voltaire estava certo. Fingir que acredita em algo que causa repugnância à razão — que entorpece o intelecto — seria, se é que existe, o pecado imperdoável. Esses muftis[1] pregam "o sangue de Jesus", o dogma de que um homem que não acredita em milagres está perdido para sempre, que a vida eterna depende desse reconhecimento, isso ou aquilo outro. Autoconfiança, autocontrole e autorrespeito são as três coisas que transformam um indivíduo em um homem.

Mas somente há pouco tempo o homem adquiriu essa capacidade de pensar e ainda não sabe lidar bem com ela. A ferramenta pesa em suas mãos. Ele tem receio dela — essa característica que o distingue dos demais animais —, então, abdica dela e entrega seu direito divino de primogenitura a um sindicato. Essa união, chamada igreja, aceita cuidar de suas dúvidas e temores e pensar por ele; para ajudar, garante ao homem que ele não tem capacidade de pensar por si, que fazer isso seria cometer um pecado. O homem, então em estado bruto, mantém com a razão a mesma atitude de um indígena apache em relação a uma câmera — o indígena acha que, ao ter sua imagem fotografada, ele murchará e explodirá em um mês. O explorador Stanley relata que o tic-tac constante de um relógio deixou os mais bravos caciques do Congo com suor frio e medo paralisante; ao descobrir isso, ele teve que tirar seu relógio Waterbury e ameaçar transformar todos em crocodilo. Foi, então, que todos cumpriram suas ordens imediatamente. Stanley exibiu a verdadeira qualidade do "selo Northfield de reavivamento" ao contar com a superstição de seus seguidores medrosos e vacilantes.

O encontro de reavivamento é uma orgia da alma, um deboche espiritual — é passar do controle são e sensato ao erotismo. Ninguém com uma inteligência normal pode se permitir entregar as rédeas da razão no auge da emoção e empreender a jornada do fazendeiro Tam O'Shanter[2] até o hospício Bedlam. Essa histeria de sentimentos desenfreados é a única blasfêmia; e se há algum Deus íntimo, Ele ficaria triste em ver que temos uma ideia tão absurda Dele, a ponto de pensar que Ele estaria satisfeito em ver-nos despachar diretamente para o inferno o dom divino da razão.

O reavivamento gera alta tensão, mas não usa a corrente porque há um fio terra. Deixe qualquer desses revivalistas escrever um sermão e logo os

1 Nome dado aos doutores mais categorizados da lei do Alcorão, no Próximo e Médio Oriente. (N. do T.)

2 Tam O'Shanter (1789), poema narrativo de caráter burlesco de Robert Burns. (N. do T.)

publique em um livro. Você verá que nenhuma pessoa sã poderia lê-lo sem sofrer o risco de uma paralisia. O livro pecaria pela falta de síntese e de análise, e ainda poderia confundir o cérebro e paralisar a vontade. Não haveria irreverência que pudesse salvá-lo. Seria o cúmulo da trivialidade, demonstrando que o autor é um grosseirão da literatura, um ignorante das palavras. As igrejas querem congregar fiéis. A situação é tão desesperadora que querem consegui-los à custa do respeito próprio. Daí chegam Domingo, Fulano, Sicrano e Chapman, com a representação do hipnólogo impertinente Svengali da obra Trilby[3]. Esses cavalheiros usam os métodos e os truques de um leiloeiro — com bajulações da casa de apostas —, com o trato elegante e as maneiras suaves de um mestre em conversa fiada.

Com a trupe de palhaços cristãos está Chaeffer, especialista em crianças. Ele marca encontros apenas para crianças, nos quais prega peças, faz caretas, conta histórias e faz a criançada gargalhar. Com isso, tem acesso ao coração delas e, de repente, inverte a situação e as faz chorar. Ele fala a essas almas inocentes do pecado, da ira de Deus, da morte de Cristo e lhes dá a opção de escolher entre a vida ou a morte eterna. Para alguém que conhece as crianças e as ama — quem estudou o estilo manso do pedagogo Froebel — essa agitação é vil, é pura crueldade. Uma vitalidade fragilizada acompanha então os nervos exaustos, e todo excesso tem uma penalidade — o pêndulo oscila para os dois lados.

Esses senhores reverendos zurram no ouvido de crianças inocentes que elas nasceram da imoralidade, que foram concebidas no pecado; que as almas das crianças maiores de nove anos (por que nove?) estão perdidas, que sua única esperança para entrar no céu é acreditar no charlatão de sangue bárbaro, algo que as pessoas inteligentes descartaram há muito tempo. E tudo isso em nome do manso Jesus Cristo, que pegava as crianças nos braços e dizia "E seu é o Reino dos Céus".

Essa proposição pagã de nascer no pecado polui a mente da criança e causa tormento, desassossego e dor de cabeça inimagináveis. Há alguns anos, nós nos regozijávamos porque o diabo estava finalmente morto e as lágrimas de piedade haviam apagado o fogo do inferno, mas a serpente da superstição estava só um pouco ferida, não estava morta.

O reavivamento religioso tem dupla intenção: primeiro, clamar que a conversão dá às pessoas uma vida melhor; segundo, salvar suas almas de uma morte interminável e do inferno eterno.

Fazer com que as pessoas tenham vidas maravilhosas é excelente, mas nem o reverendo doutor Chapman, nem nenhum dos seus colegas ou denominações que representem, irão sequer por um segundo admitir que viver uma linda vida lhes salvará. Na verdade, o doutor Chapman, o doutor Torrey e o doutor Domingo, apoiados pelo reverendo doutor McIntyre,

3 O romance Trilby (1894), de George du Maurier, com o personagem Svengali criou o estereótipo de um hipnólogo de mau-caráter. (N. do T.)

advertem aos seus ouvintes sobre o perigo da moralidade que não vem acompanhada pela crença no "sangue de Jesus".

Assim, a vida maravilhosa de que falam é uma isca de anzol para o gobião. Você tem que aceitar a superstição, senão sua vida maravilhosa não passará de um lema e um silvo para eles.

Portanto, para esses senhores, o ponto vital é a superstição — e não o comportamento.

Se tal crença não for fanatismo, então li o dicionário Webster's Unabridged em vão. Acreditar em superstições não torna ninguém melhor, mais gentil ou mais útil para si ou para a sociedade. A pessoa pode ter todas as virtudes sem o fetiche, e pode ter o fetiche e todos os vícios ao lado. A moralidade realmente não é controlada pela religião — se é que as estatísticas dos reformatórios e prisões estão corretas.

Segundo o reverendo doutor McIntyre, Fay Mills tem todas as virtudes — é magnânimo, bom, gentil, modesto e prestativo. Mas Fay abandonou o fetiche — portanto, McIntyre e Chapman apelam ao público para rezar por Fay Mills. Mills tinha todas as virtudes quando ele acreditava no fetiche — mas agora, que repudiou o fetiche, continua tendo as mesmas virtudes, e em um grau maior que antes. Até mesmo quem discorda dele reconhece isso. Entretanto, eles declaram que Mills está "perdido" para sempre.

O reverendo doutor Chaeffer fala que há dois tipos de hábitos: os bons e os maus.

Também há dois tipos de religiões: as boas e as más. A religião da bondade, do bom ânimo, da afabilidade e do esforço útil é boa. Nesse ponto não há discussão; em toda parte, pessoas de diferentes graus de inteligência admitem isso. Mas, qualquer forma de religião que incorpore uma crença nos milagres e em outras superstições selvagens como uma condição para a salvação, não é apenas má: é péssima. E todos os homens, se deixados sozinhos bastante tempo para refletirem, sabem que a salvação depende da redenção de uma crença em milagres. Mas a tentativa do doutor Chapman e dos seus rudes cavaleiros teológicos é debandar o rebanho e mantê-lo em movimento. Enlaçar os dissidentes e colocá-los sob a marca McIntyre é então muito simples.

Quanto à reação e à limpeza após o carnaval, nossos revivalistas não estão preocupados. O confete, os balões vazios e as cascas de amendoim são o patrimônio líquido do reavivamento — e deixados para os administradores locais.

Os reavivamentos são para os revivalistas. Uma bela manhã, essas cidades de renascimento vão despertar, esfregar os olhos sonolentos e Chapman será apenas uma má recordação. E, Domingo, Chaeffer, Torrey, Biederwolf e companhia, um sonho ruim. Pregar a hagiologia a pessoas civilizadas é uma falha que Nêmesis não deixará passar. A América representa o século XX e, se em um momento de debilidade, retorna à exuberante loucura da piedade frenética do século XVI, deve pagar por isso. Os homens deverão fazer duas coisas: livrar-se do jugo de outros homens e, logo, liberar-se dos fantasmas de sua própria mente. Em nenhum dos pontos, os revivalistas ajudam ou aportam algo. A efervescência não é uma boa qualidade e toda devassidão deve ser paga em vitalidade e autorrespeito.

Todas as religiões formais em que os patrocinadores e administradores prosperam são más, entretanto há umas piores que outras. Quanto mais superstição tem uma religião, pior. Geralmente, as religiões são feitas de moralidade e superstição. Apenas a superstição pura seria repugnante — em nosso tempo, não atrairia ninguém — então introduzem a ideia de que a moralidade e a religião são inseparáveis. Sou contra os homens que fingem acreditar que a ética sem um fetiche é inútil e presunçosa.

Sou completamente a favor dos pregadores que durante o sermão falam da beleza da verdade, da honestidade, de uma vida útil e prestativa.

Já aqueles que pregam que não existe isso de uma vida maravilhosa a menos que se aceite a superstição, não recebem meu apoio. Abaixo a infâmia! Eu profetizo que um dia os negócios e a educação serão sinônimos — que o comércio e as universidades andarão de mãos dadas — que se preparar para a vida é ir ao trabalho.

Enquanto o comércio for sinônimo de trambique, os negócios de barganha, o mercado de astúcia, o governo de exploração; enquanto as matanças forem honoráveis e o assassinato uma bela arte; enquanto a religião fechar os olhos para a superstição, a educação for um veículo para as honrarias e onde houver devoção para adorar um fetiche, haverá pouca esperança para a humanidade. Sob tais condições, tudo tende à divisão, desperdício, desintegração, separação — às trevas e à morte.

Mas, com a supremacia conquistada pela ciência, a adoção do sistema de preço único nos negócios e a convicção gradualmente crescente de que a honestidade é o bem mais valioso do homem, podemos ver luz no fim do túnel.

Resta agora aos leigos levar a certeza para o clero, e provar a eles que a pretensão recebe um castigo; e trazer para os enlutados a trindade dos ofensores, ironicamente chamada de as Três Faculdades Superiores[4], assim, a humanidade já andará longe na estrada, avistando as cúpulas imponentes da Cidade Ideal.

4 No período medieval, as três faculdades superiores eram teologia, direito e medicina; a faculdade inferior era a filosofia. Essa hierarquia foi contestada pelo filósofo Immanuel Kant em 1794. (N. do T.)

PODER INDIVIDUAL

Toda empresa bem-sucedida é o resultado do Poder Individual. A cooperação, tecnicamente, é um sonho iridescente — as coisas funcionam porque o homem as faz. Ele as consolida com sua vontade.

Mas, encontre esse Homem, ganhe sua confiança e os olhos cansados dele vão olhar os seus, o choro do coração dele irá ecoar em seus ouvidos. "Oh, alguém me ajude a suportar esse fardo"!

Ele lhe contará então sobre essa busca interminável pela Capacidade, as constantes decepções e impedimentos ao tentar conseguir alguém que se ajude ao lhe dar uma mão.

A Capacidade é a necessidade da hora. Os bancos estão cheios de dinheiro e por toda parte os homens estão procurando trabalho. A colheita está madura. Mas a Capacidade de liderar os desempregados e usar o capital está faltando, infelizmente. Em todas as cidades, há muitas vagas de trabalho para preencher, com salários de cinco a dez mil dólares, mas os únicos candidatos são homens que querem trabalho que pague quinze dólares por semana. Sua gente com Capacidade já tem um lugar. Sim, essa Capacidade é um artigo raro.

Mas há algo ainda muito mais escasso, muito mais fino, algo mais raro do que essa qualidade da Capacidade.

É a habilidade de reconhecer a Capacidade.

A observação mais severa que pode ser feita contra os empregados como classe é de que homens com Capacidade geralmente conseguem mostrar seu valor apesar do seu empregador, e não com sua ajuda ou estímulo.

Se você conhece as vidas dos homens com Capacidade, você vê, quase sem exceção, que eles descobriram seu poder por acaso ou por acidente.

Se o acidente que levou à oportunidade não tivesse ocorrido, o homem teria permanecido desconhecido e teria praticamente perdido o mundo. A experiência de Tom Potter, operador de telégrafos em uma pequena estação desconhecida, não me deixa mentir. Aquela noite terrível — em que a maioria dos fios caiu e um trem de passageiros atravessou a ponte — deu a Tom a oportunidade de se descobrir. Ele cuidou dos mortos e feridos, resolveu cinquenta requerimentos (elaborando projetos na empresa), queimou o último vestígio do naufrágio, afundou a carcaça no rio e reparou a ponte antes da chegada do superintendente ao local.

"Quem lhe deu autorização para fazer tudo isso?", exigiu saber o superintendente.

"Ninguém", respondeu Tom. "Eu assumo a responsabilidade".

Um mês depois, o salário de Tom Potter era de cinco mil dólares por ano. Em três anos, ele estava ganhando dez vezes mais devido ao fato de conseguir que as pessoas fizessem o que ele mandava.

Por que esperar por um acidente para descobrir Tom Potter? Vamos preparar arapucas para Tom Potter e esperar por ele. Talvez Tom Potter esteja dobrando a esquina ou atravessando a rua; talvez esteja na sala ao lado ou bem juntinho a nós. Inúmeros Toms estão esperando para serem descobertos, basta procurarmos por eles.

Conheço um homem que vagou pelos bosques e campos por trinta anos sem nunca encontrar uma flecha. Um dia, começou a pensar em "flecha" e, ao sair de casa, ele encontrou uma. Desde então, ele coleciona um alqueire de flechas.

Imagine que deixemos de reclamar da incompetência, da indiferença modorrenta e da "ajuda" desleixada que fica de olho no relógio esperando que as horas passem mais rápido. Essas coisas existem. Mas, admitindo isso, ponhamos ênfase no fato de que meninos sardentos que saem das fazendas do leste e oeste vão à frente de batalha e fazem tudo magistralmente. Há um nome que se destaca na história como um farol de luz após se passarem 2.500 anos. Isso porque esse homem teve o gênio sublime para descobrir a Capacidade. Esse homem foi Péricles. Péricles fez Atenas.

Até hoje, estão peneirando a poeira das ruas da cidade, procurando por relíquias e restos de coisas feitas por pessoas lideradas por homens com Capacidade, descobertos por Péricles.

Há pouquíssima competição nessa linha da descoberta da Capacidade. Nós sentamos e lamentamos porque a Capacidade não nos encontra. Mas pensemos na "Capacidade", quem sabe podemos nos esbarrar com Péricles no seu pedestal, onde ele está há séculos — um homem com um talento fenomenal para reconhecer a Capacidade. Salve, Péricles! Salve você, Grande Desconhecido, que será o primeiro a imitar com sucesso esse capitão de homens.

ATITUDE MENTAL

O sucesso está no sangue. Há homens que o destino nunca poderá deter: eles seguem adiante com garbo e aceitam como destino divino o melhor que a terra oferece. Mas não alcançam o êxito por meio da estratégia liberal de Samuel Smiles-Connecticut. Eles não ficam na espreita, não bajulam, não procuram ajustar suas velas para navegar na brisa do favor popular. Ainda assim, estão sempre alerta para qualquer mercadoria que apareça em seu caminho; e, quando aparecem, eles se apropriam dela, sem delongas, e avançam com firmeza.

Saúde! Sempre que sair de casa, ponha o queixo para dentro, erga bem a cabeça e encha o peito; receba os raios de sol, cumprimente os amigos com um sorriso e ponha alma em cada aperto de mão.

Não tema ser mal interpretado; e nunca perca um minuto pensando nos inimigos. Tente estabelecer na sua própria mente o que você gostaria de fazer, logo, sem forçar a direção, você vai direto ao objetivo.

O medo é a rocha que nos quebra; muitas barcas encalham no ódio. Quando temos medo, o discernimento é tão duvidoso quanto a bússola de um navio cujo porão está cheio de minério de ferro. Quando sentimos ódio, soltamos o leme, paramos para escutar as intrigas e permitimos que as amarras estraguem os parafusos.

Mantenha a mente nas coisas grandiosas e esplêndidas que você gostaria de fazer; então, com o passar dos dias, você se dará conta, sem perceber, que está pegando as oportunidades necessárias para alcançar seus desejos, assim como um pólipo coral captura da corrente os elementos que precisa.

Imagine a pessoa habilidosa, séria, valiosa que você deseja ser; esse pensamento vai transformá-lo em quem você almeja.

O pensamento é supremo; pensar é geralmente melhor do que fazer.

Conserve uma atitude correta de coragem, franqueza e bom humor.

Darwin e Spencer nos disseram que esse é o método da Criação. Cada animal desenvolveu as partes que precisava e queria. O cavalo é veloz porque quer ser; o pássaro voa porque deseja; o pato tem um pé de pato porque quer nadar. Tudo vem do desejo; nossas preces sinceras são atendidas. Nós nos transformamos naquilo que o coração escolhe.

Muita gente sabe disso, mas não tão bem a ponto de tomar as rédeas da sua vida. Nós queremos ter amigos, então planejamos e corremos atrás de pessoas fortes, esperando pessoas boas — ou supostamente boas — com a esperança de nos unir a elas. A única maneira de garantir amigos é ser um deles. Antes de estar pronto para uma amizade, você deve se valer sem isso. Ou seja, você deve ser bastante autoconfiante para tomar conta de si e pode usar nos outros a energia que sobra em você.

A pessoa que anseia por amizades e, mesmo assim, deseja um espírito mais egocêntrico nunca ficará sem amigos.

Se quiser ter amigos, cultive a solidão em vez de sociedade. Beba do ozônio: banhe-se de sol; lá, no silêncio da noite, sob as estrelas, diga a si mesmo: "Sou parte do que contemplam meus olhos"! E virá a sensação de que você não é um mero intruso entre o céu e a terra, mas uma parte necessária do todo. Nenhum mal chegará até você que não aconteça a todos, e, se você cair, será em meio a um naufrágio dos mundos.

Como o velho Jó, o que tememos cairá sobre nós. Ao ter uma atitude errada, acionamos uma cadeia de eventos que termina em desastre. Quase sem exceção, as pessoas que morrem ainda jovens é porque estavam se preparando para isso. Essa situação aguda e trágica é simplesmente o resultado de um estado mental crônico, que culmina com uma série de eventos.

O caráter é produto de duas coisas: atitude e a maneira como passamos o tempo. É o que pensamos e fazemos que nos torna quem somos.

Ao tomar posse das forças do universo, você é forte junto a elas. Quando você entende isso, tudo fica fácil, pois em suas artérias circularão corpúsculos vermelhos e nascerá no coração a firme resolução de ser. Ponha o queixo para dentro e erga a cabeça. Somos deuses dentro da crisálida.

O FORASTEIRO

Quando eu era fazendeiro, notei que sempre que comprava uma vaca nova e a levava ao pasto com o rebanho, havia uma tendência de o restante dos animais fazer a nova vaca pensar que havia chegado na perdição ortodoxa. Eles a levavam para longe do sal e da água, e os animais de chifre grande não perdiam a oportunidade de atacá-la, cutucá-la e dar-lhe fortes chifradas durante várias semanas.

Com os cavalos acontecia o mesmo. Eu me lembro de uma égua preta em particular que costumávamos levar de um pasto a outro, só para vê-la de volta a um rebanho e ouvir seu casco ressonar nas costelas dos cavalos que a cercavam para aprontar danações.

Os homens são animais tanto quanto as vacas, os cavalos e os porcos; manifestam inclinações semelhantes. A apresentação de um novo homem a uma instituição sempre causa um pouco de pânico e ressentimento, principalmente se ele for alguém poderoso. Até nas escolas e universidades, um novo professor tem que lutar para superar a oposição que certamente encontrará.

Em um acampamento madeireiro, um novato faria bem em tomar iniciativa, como aquela pequena égua preta, e enfrentar o primeiro olhar negro com um soco curto.

Mas em um banco, loja de departamentos ou escritório de uma ferrovia isso não é possível. Então, o próximo passo é aguentar e ganhar pela atenção que se dá aos negócios, algo que o local não costuma ver. Em todo caso, quanto maior o homem (a menos que tenha o poder absoluto de impressionar em tudo), mais desconfortável será sua posição; até que, pouco a pouco, passa o tempo, as circunstâncias melhoram e aparecem novos problemas para gerar crítica, oposição e ressentimento... até que o homem é esquecido.

A ideia da Reforma do Serviço Público — promover os homens bons em seu trabalho, em vez de contratar novos para os grandes postos — é uma regra que parece bem no papel, mas é uma estratégia fatal se executada literalmente.

Os negócios que não crescem estão plantando as sementes do próprio fim. A vida é um movimento para a frente. Tudo na natureza que não evolui para algo melhor está se preparando para regredir a seu elemento constituinte. Uma regra geral para o progresso nos grandes negócios tem a ver com a chegada de sangue novo. Você tem que acompanhar o passo do mundo dos negócios. Se você fica para trás, os fora da lei chegam pela beirada, eliminam você e o tornam refém, assim como os lobos que ficam à espreita de uma vaca doente nos campos.

Para manter a marcha, você deve introduzir novos métodos, gerar mais inspiração e aproveitar o melhor que outros inventaram ou descobriram.

As grandes ferrovias da América foram desenvolvidas juntas. Nenhuma delas tem um aparelho ou método que seja muito melhor que o resto. Se não fosse por essa troca de pessoas e de ideias, algumas ferrovias ainda estariam usando elos e pinos, e os predadores cabeça-de cobra seriam tão comuns quanto em 1869.

O gerente da ferrovia que conhece seu trabalho sempre está em busca da excelência entre seus empregados e promove quem oferecer um trabalho integral. Mas, além disso, ocasionalmente ele contrata um homem forte que vem de fora e lhe oferece o cargo mais elevado. Então começa a reclamação geral!

Mas isso pouco importa para o gerente preparado, pois se uma vaga deve ser ocupada e ele não tem ninguém qualificado na lista de empregados, contratará um forasteiro.

Isso é correto e está bem para todos os envolvidos. A vida nova de muitas firmas começou no dia em que contrataram um novo homem.

As comunidades que se casam entre si cultivam finos arbustos, da mesma maneira, ocorre com as empreitadas de negócios. Há alguns anos, duas das maiores editoras americanas faliram com uma dívida considerável de uns cinco milhões cada uma. Isso ocorreu devido a uma estratégia tenaz que durou cinquenta anos na qual promoviam primos, tios e tias que comprovavam eficiência ao estarem presentes por muitos anos na lista de pagamento. Assim é que se instala a podridão.

Se você for um homem de negócios e tiver um cargo de responsabilidade para preencher, veja com cuidado entre seus colaboradores antigos quem irá promover. Se você não tiver ninguém qualificado para a vaga, não escolha qualquer um só para resolver de uma vez. Saia, encontre um homem e logo o contrate — não importa o salário, se ele estiver à altura da vaga — os salários são sempre relativos ao poder de ganho. Essa será a única maneira de realmente operar sua máquina.

Quanto às Regras para o Serviço Público... regras são feitas para rompê-las. E quanto aos antigos que tentarão tornar seu novo empregado miserável, tenha paciência com eles. É privilégio de todos dar uma quantidade razoável de chutes, principalmente se o trabalhador estiver há muito tempo na empresa e tiver recebido muitos benefícios.

Mas, se finalmente, o pior acontecer, não esqueça que você mesmo está à frente da empresa. Se houver erros, você leva a culpa. E se o coro se tornar tão persistente a ponto de a desarmonia causar risco, fique ao lado do novo homem, ainda que seja necessário dar o envelope azul[5] a todos os funcionários veteranos. A precedência nos negócios é uma questão de poder. Anos em uma posição pode indicar que a pessoa esteve no cargo tanto tempo que é necessário mudar. Deixe os zéfiros da lei natural brincarem em paz com sua barba.

O raciocínio é este: promova os merecedores, mas não tenha receio de contratar um estranho interessado; ele ajuda a todos, até os jogadores, pois caso você desapareça ou seja derrotado, os jogadores terão que escaramuçar buscando novos empregos de qualquer maneira. Não é assim?

5 Nos Estados Unidos, ao final do século XIX, receber o envelope azul era sinônimo de ser demitido. (N. do T.)

SAIA OU ENTRE NA LINHA

A carta de Abraham Lincoln para Hooker! Se tivessem destruído todas as cartas, mensagens e discursos de Lincoln, exceto aquela para Hooker, ainda assim teríamos uma excelente pista até o coração de Lincoln, o Divisor de Trilhos.

Nessa carta, vemos que Lincoln controlava o próprio espírito, mas também contemplamos que ele podia controlar outros. A carta revela sábia diplomacia, franqueza, bondade, perspicácia, tato e paciência infinita. Hooker tinha criticado Lincoln, seu comandante-chefe, dura e injustamente. Mas Lincoln dispensa as críticas em nome das virtudes que ele vê em Hooker e o promove como sucessor de Burnside. Em outras palavras, o homem injustiçado promove quem o criticou, ascendendo-o a um cargo mais importante do que o comandante preterido, por quem o promotor nutria forte amizade.

Mas todas as considerações pessoais se dissiparam em vista do fim desejado. Mesmo assim, era necessário que o promovido conhecesse a verdade. Lincoln lhe contou não para humilhá-lo ou deixá-lo zangado, mas isso certamente evitou o ataque de elefantíase cerebral a que Hooker estava sujeito.

Talvez melhor seja mostrar a carta completa. Eis o texto:

Residência Oficial, Washington, 26 de janeiro de 1863.

Major-General Hooker:

General: Eu o coloquei à frente do Exército de Potomac. Claro, a meu ver, há razões suficientes. Mesmo assim, acredito que é melhor o senhor saber que há coisas a seu respeito que não me deixaram muito satisfeito.

Eu o considero um soldado bravo e habilidoso, algo que admiro. Também reconheço que o senhor não mistura política com seu cargo, e faz muito bem.

O senhor tem autoconfiança, algo valioso, diria até mesmo indispensável.

O senhor é ambicioso, algo que, em limites razoáveis, é benéfico e não causa danos. Porém, acho que durante o comando do exército do general Burnside, o senhor se deixou levar pela ambição e o frustrou tanto quanto pôde. Com isso, o senhor fez algo errado e prejudicou o país e um colega oficial honrado, dono de grandes méritos.

Escutei o senhor recentemente falando, de modo bastante verossímil, que tanto o exército quanto o governo precisam de um ditador. Obviamente, não foi por isso, mas apesar disso, que lhe dei o comando. Somente aqueles generais bem-sucedidos podem estabelecer ditadores. O que agora peço ao senhor é êxito militar. Arriscar a ditadura. O governo apoiará o senhor com toda sua capacidade, algo que é exatamente o que fez e fará por todos os seus comandantes. Temo que o espírito de criticar o comandante ou negar confiança nele, que você ajudou a infundir no exército, agora se volte contra o senhor. Eu o ajudarei no que puder para evitar isso. Nem o senhor, nem Napoleão, se estivesse vivo, poderiam conseguir benefício de um exército em que tal espírito prevaleça. Tenha cuidado com a imprudência, mas siga adiante com uma vigilância incansável e nos traga vitórias.

Atenciosamente, A. LINCOLN.

Há um ponto nessa carta que merece nossa consideração, pois sugere uma condição que brota como beladona mortal de um solo venenoso. Eu me refiro ao hábito de criticar, desprezar, resmungar e repreender aqueles que estão acima de nós. Quando um homem importante faz qualquer coisa, será certamente criticado, difamado e incompreendido. Isso é parte da penalidade por sua grandeza, e todo mundo entende isso; e entende também que não há prova de grandeza. A prova final de grandeza é poder aguentar os insultos sem ressentimento. Lincoln não se ressentia pelas críticas; ele sabia que toda vida tinha sua razão de ser. Mas veja como Lincoln chama a atenção de Hooker ao fato de que a divisão causada pelo general se voltaria contra ele mesmo! "Nem o senhor, nem Napoleão, se estivesse vivo, poderiam conseguir benefício de um exército em que tal espírito prevaleça". A falha de Hooker recai sobre Hooker — outros sofrem, mas Hooker principalmente.

Não faz muito tempo que conheci um estudante de Yale que estava de férias em casa. Tenho certeza de que ele não representava o verdadeiro espírito de Yale, pois nutria muitas críticas e ressentimento pela instituição. O presidente Hadley também recebeu sua fatia e o estudante me deu fatos e datas, com os respectivos dias e lugares, em troca de um "pêssego assado".

Logo vi que o problema não estava em Yale, mas no jovem. Ele estava mortificado devido a algumas ofensas banais e estava tão em desarmonia com o lugar que perdeu a capacidade de obter algo bom de lá. A Universidade de Yale não é uma instituição perfeita — algo que imagino que o presidente Hadley e a maioria dos alunos estão dispostos a reconhecer. Mas Yale dá aos jovens certas vantagens, depende dos estudantes saber aproveitá-las ou não. Se você for um estudante universitário, aproveite o melhor que está por lá. Você recebe o bem fazendo o bem. Você ganha quando dá — então distribua simpatia e lealdade agradável à instituição. Esteja orgulhoso dela. Apoie seus professores — eles fazem o melhor que podem. Se o lugar tem problemas, torne-o um lugar melhor através do exemplo de trabalhar diariamente com alegria, da melhor maneira que puder. Cuide da sua vida.

Se no local onde você trabalha estiver tudo ruim e o patrão for um rabugento, você pode muito bem falar com ele de maneira gentil, calma e confidencial, comentando que suas políticas são absurdas e ridículas. Mostre-lhe como melhorar a situação. Você pode se oferecer para cuidar do negócio e resolver os problemas. Faça isso, mas, se por algum motivo preferir não o fazer, escolha: saia ou entre na linha. Você tem que decidir entre um ou outro. Faça sua escolha. Se você trabalha para alguém, faça isso em nome de Deus.

Se um homem pagar o salário que lhe permite comer e pagar as contas, trabalhe para ele — fale bem dele, deseje o bem para ele e apoie tanto a ele quanto a instituição que ele representa.

Acho que, se eu trabalhasse para um homem, trabalharia realmente para ele. Eu não trabalharia para ele só parte do tempo, enquanto na outra parte trabalharia em contra. Ou eu faria o serviço completo, ou não faria nada. Se for colocado em apuros, um grama de lealdade vale um quilo de inteligência.

Se você tiver que difamar, reprovar e viver falando mal do trabalho, melhor é se demitir e, quando estiver fora, fazer o que quiser. Mas rezo para que você, enquanto for parte de uma instituição, não a condene. Não é que você prejudique a instituição, não é isso. Mas quando você deprecia um negócio do qual faz parte, você está se depreciando.

Mais do que isso, você está soltando os tentáculos que o unem à instituição e, na primeira ventania, será arrancado e levado pelo caminho da tempestade — provavelmente, sem nunca saber o porquê. A carta apenas diz: "É uma época monótona e lamentamos que não haja trabalho suficiente" etc.

Por toda parte, você encontrará esses sujeitos desempregados. Converse com eles e verá que eles estão cheios de reclamações, amargura, desprezo e reprovações. Esse foi o problema — por meio de um espírito de crítica, eles foram golpeados e bloquearam o canal, por isso tiveram que ser despedidos. Eles não estavam em harmonia com o local e, ao não ser mais de ajuda, tiveram que ser dispensados. Todo empregador está sempre procurando pessoas que possam ajudá-lo. Naturalmente, está procurando entre seus empregados aqueles que não necessitam de ajuda, e tudo ou todos que forem um estorvo devem sair. Essa é a lei do comércio: não procure falhas nela; ela está fundada na natureza. A recompensa é somente para quem ajuda e, para ajudar, você deve ter compaixão.

Você não pode ajudar o patrão enquanto estiver em voz baixa e sussurros, com gestos e sugestões, explicando com o pensamento e a atitude que ele é um ranzinza e que seu sistema está totalmente errado. Ao mexer no caldeirão da insatisfação e esquentar a inveja ao ponto de ebulição, você não está necessariamente ameaçando, mas está fazendo isso: está subindo um escorregador bem liso que levará você direto para baixo e para fora. Quando você diz aos outros empregados que o patrão é um rabugento, isso revela que você é rabugento; e quando lhes diz que as políticas da instituição estão "podres", certamente mostra que a sua está.

Esse mau costume de apontar erros, criticar e reclamar é uma ferramenta que vai ficando mais afiada com o uso constante. Para quem é primeiramente apenas um jogador há o grande risco de se transformar em um batedor crônico e de que a faca que ele afiou corte a própria cabeça.

Hooker conseguiu a promoção apesar das suas falhas; mas o provável é que seu empregador não sinta o mesmo amor que Lincoln sentia por ele — um amor que sofria por muito tempo e que era gentil. Mas nem mesmo Lincoln podia proteger Hooker para sempre. Hooker não conseguiu fazer o trabalho, e Lincoln teve que conseguir outra pessoa. Então chegou um momento em que Hooker foi substituído por um Homem Silencioso, que não criticava ninguém, não insultava ninguém — nem mesmo o inimigo.

E esse Homem Silencioso, que podia controlar o próprio espírito, tomou as cidades. Ele cuidava da sua vida e fazia o trabalho que ninguém podia a menos que dessem lealdade absoluta, confiança total, fidelidade inabalável e devoção incansável. Cuidemos da nossa própria vida e deixemos que outros façam o mesmo; trabalhamos, assim, para nós mesmos e pelo bem de todos.

O DIA DA SEMANA, MANTENHA-O SAGRADO

Você já pensou que é algo totalmente absurdo e quase bárbaro separar um dia como "sagrado"? Se você for um escritor e tiver um belo pensamento, não pensará duas vezes só porque é domingo e escreverá sua ideia.

Se você for um pintor e a pintura aparecer diante de você, de forma vívida e clara, você se apressará para materializá-la antes que a visão desvaneça.

Se você for um músico, você cantará uma canção ou a tocará no piano para que ela fique gravada na sua memória — e pela alegria que proporciona.

Entretanto, se você for um marceneiro, poderá criar um projeto, mas terá que suspendê-lo antes de construir uma mesa caso seja o "Dia do Senhor"; e se você for um ferreiro, não se atreverá a levantar um martelo por medo da própria consciência ou da polícia. Com isso, estamos admitindo que consideramos o trabalho manual um tipo de mal necessário, que só deve ser feito em alguns horários e lugares.

A razão ortodoxa para a abstinência de todo trabalho manual aos domingos é que "Deus criou o céu e a terra em seis dias e no sétimo dia Ele descansou". Portanto, o homem, criado à imagem do seu Criador, deveria tomar esse dia como sagrado. Como é possível para um ser supremo, onipotente e todo-poderoso sem "corpo, partes ou paixões" ficar extenuado através do esforço físico é uma pergunta que permanece sem resposta.

A ideia de servir a Deus aos domingos e logo esquecê-lo durante o restante da semana é uma falácia fomentada pelo reverendo doutor Sayles e seu coadjutor, o diácono Buffum, que passaria o Panamá para o benefício daqueles que comprem a absolvição. Ou, se você preferir, a salvação sendo grátis, o que colocamos no Panamá é um honorário para a divindade ou seu assistente, da mesma forma como nossos célebres autores nunca falam em banquetes por um pagamento, mas aceitam os honorários que de maneira oculta e misteriosa deixam sobre a lareira. O domingo, com sua imunidade para o trabalho, foi concebido para que os escravos se livrassem de todo o trabalho que faziam durante a semana.

Então, para atiçar a aprovação do escravo, foi declarado como virtude não trabalhar aos domingos, uma parte muito agradável da diplomacia sutil de Tom Sawyer. Ao seguir suas inclinações e não fazer nada, acumula-se um benefício misterioso e celestial, algo que o preguiçoso espera ter e continuar a ter por toda a eternidade.

Assim, os escravos que não trabalham aos domingos apontam aos que trabalham como menos virtuosos e merecedores de desprezo. Seguindo essa teoria, aprovaram todas as leis que punem quem trabalha ou se diverte aos domingos. Deus deixa de trabalhar a cada sete dias, ou o trabalho que Ele faz aos domingos é particularmente diferente do que faz às terças-feiras? O sábado meio-feriado não é "sagrado" — o domingo feriado é, e devemos punir todos que "desrespeitem" a data. Ninguém pode violar o sábado, contudo, pode violar sua própria natureza e isso ele está mais apto a fazer por meio da ociosidade forçada do que do trabalho ou diversão. Apenas a água corrente é pura, e a natureza estagnante de qualquer tipo é perigosa, um verdadeiro criadouro de doenças.

A mudança de ocupação é necessária para a saúde física e mental. Como é o caso, a maioria das pessoas recebe muito trabalho. Durante toda a semana, elas estão amarradas a uma tarefa; uma tarefa repugnante, pois a dose de trabalho é muito grande. Elas têm que realizar esse trabalho particular ou morrem de fome. Isso é escravidão, tanto quanto comprar e vender uma pessoa como um bem.

Chegará o tempo em que todos os homens e mulheres trabalharão porque isso é um presente abençoado? Ou um verdadeiro privilégio? Então, se todos trabalhassem, o consumo esbanjador como um negócio desapareceria. Como é o caso, há muitas pessoas que não trabalham de jeito nenhum, elas se orgulham disso e defendem as leis dominicais. Se os preguiçosos trabalhassem, ninguém estaria sobrecarregado. Se esse dia chegar, não deixaremos de considerar "perverso" trabalhar em certas horas, assim como consideraríamos absurdo aprovar uma lei que torna ilegal sermos felizes nas quartas-feiras? O bom trabalho não é um esforço para conseguir algo útil, necessário ou bonito? Nesse caso, o bom trabalho é uma oração motivada por um coração bondoso — uma oração para beneficiar e abençoar. Se a oração não é um desejo acompanhada por um esforço humano correto para causar sua eficácia, então o que seria?

O trabalho é um serviço prestado para nós mesmos e para outros. Se eu amo você, trabalharei certamente por você — dessa maneira, demonstro meu amor. Manifestar meu amor dessa maneira é uma alegria e uma satisfação para mim. Dessa maneira, o trabalho é apenas para o trabalhador e o trabalho é sua própria recompensa. Sendo isso certo, se é errado trabalhar aos domingos, é errado amar aos domingos; todo sorriso é um pecado, todo carinho é uma maldição e toda ternura é um crime.

Não deve chegar o momento em que, se crescermos nossa mente e espírito, deveríamos deixar de buscar diferenças e parar de chamar alguns trabalhos de sagrados e outros de seculares? Não é tão necessário para mim capinar e alimentar meus seres queridos (e também o padre) quanto para o padre pregar e rezar? Algum padre pregaria e rezaria se ninguém capinasse? Se a vida é de Deus, então todo esforço é divino; e trabalhar é a forma mais elevada da religião. Se Deus nos criou, Ele com certeza gosta de ver que Seu trabalho é um sucesso. Se somos miseráveis e queremos nos liberar da existência com uma punhalada, certamente não estamos elogiando nosso Criador, estamos proclamando Sua obra um fracasso. Porém, se nossa vida está cheia de alegria e somos gratos pelo sentimento de que somos um com a Divindade — ajudando a Deus a fazer Seu trabalho, então, só assim realmente estamos servindo a Ele.

Não é estranho que os homens tenham que aprovar leis que declaram que é perverso trabalhar?

AMIZADES EXCLUSIVAS

Um homem excelente e gentil que conheço disse: "Quando 51% dos votantes acreditarem em cooperação, em oposição à competição, a Commonwealth Comunidade Ideal[6] deixará de ser teoria e passará a ser realidade".

Que os homens trabalhem juntos pelo bem de todos é muito bonito. Acredito que chegará o dia em que isso acontecerá, mas o simples processo de 51% dos votantes votarem pelo socialismo não ajudará.

A questão do voto é simplesmente a expressão de um sentimento, e depois que as urnas forem contabilizadas ainda haverá trabalho a fazer. Um homem pode votar corretamente em um dia e no resto do ano ser um idiota.

O socialista cheio de amargura, força, desacordo e ciúme está criando uma oposição que manterá a ele e a outros como ele sob controle. Essa oposição está bem, pois mesmo uma sociedade cheia de imperfeições é forçada a se proteger contra a dissolução e algo ainda pior. Enquanto a ideia de a rivalidade reinar, não é suficiente assumir o controle dos monopólios e operá-los para o bem da sociedade, tampouco desejável.

Enquanto o ego se mantiver no alto na mente dos homens, eles terão medo de outros homens e vão odiá-los; e sob o socialismo haveria exatamente a mesma correria pelo lugar e poder que vemos na política agora.

A sociedade nunca pode ser reconstruída até que seus membros individuais sejam reconstruídos. O homem deve nascer de novo. Quando 51% dos votantes controlarem seu espírito e colocarem 51% da sua inveja,

6 Ideal Commonwealth, em inglês. (N. do T.)

ciúme, amargura, ódio, medo e orgulho bobo fora do seu coração, então o socialismo cristão será iminente, mas não antes disso.

O assunto é muito extenso para ser colocado em apenas um parágrafo, por isso vou me contentar em mencionar apenas uma coisa (que até onde sei nunca foi mencionada na imprensa): o perigo para a sociedade das amizades exclusivas entre homem com homem e mulher com mulher. Duas pessoas do mesmo sexo não podem se complementar, nem podem elevar ou beneficiar uma à outra por muito tempo. Normalmente, deformam o estado mental e espiritual. Deveríamos conhecer várias pessoas ou então nenhuma. Quando dois homens começam a "contar tudo um para o outro", estão caminhando para a senilidade. Deve haver uma reserva bem definida. Dizem-nos que na matéria — no aço sólido, por exemplo — as moléculas nunca se tocam. Elas nunca entregam sua individualidade. Somos todos moléculas da divindade, nossa personalidade não deve ser abandonada. Seja você mesmo, não deixe ninguém ser necessário para você — seu amigo terá mais estima por você se você o mantiver a certa distância. A amizade, como o crédito, é melhor quando não é usada.

Posso entender como um homem forte pode ter uma afeição grande e duradoura por milhares de outros homens e conhecê-los todos pelo nome. Mas, como podemos considerar qualquer desses homens melhor que o outro e conservar o equilíbrio mental, isso eu não sei.

Permita que um homem se aproxime mais e ele irá agarrá-lo como se estivesse se afogando, e vocês dois estarão perdidos. Em uma amizade íntima e exclusiva, os homens compartilham as fraquezas uns dos outros.

Em lojas e fábricas, acontece o tempo todo que constantemente os homens têm seus colegas. Eles se identificam com os problemas — não escondem nada —, nutrem simpatia entre si e se compadecem.

Eles se unem e se apoiam. Sua amizade é exclusiva e os outros percebem que é assim. O ciúme começa a surgir aos poucos, a desconfiança desperta, o ódio chega rastejando e esses homens se unem em uma antipatia mútua por certas coisas e pessoas. Eles se estimulam e sua empatia enfraquece a sanidade: ao reconhecerem seus problemas, os homens os tornam reais. As coisas perdem o foco e desaparece o sentido de valor. Ao pensar que alguém é o inimigo, você o transforma em um.

Logo outros se envolvem e temos uma panelinha, que é uma amizade que se transformou em um germe.

Da panelinha, cresce uma facção; da facção, uma rixa; e logo temos uma turba, que é uma massa cega, estúpida, delirante, louca, massiva e fervorosa que perdeu o leme. Em uma turba, não há indivíduos — são todos uma só mente, o pensamento independente desapareceu.

Uma rixa não tem nenhum fundamento — não passa de um erro —, uma ideia tola espalhada como chamas por um amigo idiota! E pode se transformar em uma turba.

Todo homem que tenha tido alguma vida em comunidade já percebeu que a panelinha é o bacilo da desagregação — e a panelinha vê seu clímax na amizade exclusiva de duas pessoas do mesmo sexo, que contam à outra todas as maldades que falam delas — "então fique atento". Cuidado com a amizade exclusiva! Respeite a todos e tente ver o melhor de cada um. Relacionar-se somente com quem é sociável, engraçado, brilhante é uma asneira — fique entre os simples, tolos, incultos e exercite sua própria inteligência e sabedoria. É dando que se cresce, sem favoritismo. Você conserva seu amigo tanto ao estar longe quanto ao segui-lo.

Reverencie-o — sim, mas seja natural e deixe algum espaço. Seja uma molécula divina.

Seja você mesmo e permita que seu amigo também seja ele. Assim, você o beneficia e, ao beneficiá-lo, você também se beneficia.

As melhores amizades são aquelas em que um amigo pode prescindir do outro.

Claro que há casos de amizades exclusivas na história que foram grandes exemplos de afeição, mas elas são tão raras e excepcionais que servem para enfatizar que é sumamente imprudente para homens de poder e intelecto comuns excluir seus semelhantes. Poucos homens, talvez, alguns tão grandes que tiveram seu lugar na história, poderiam desempenhar o papel de Davi para outro Jônatas e, ainda assim, conservar a boa vontade de todos, mas a maioria de nós iria nutrir amargura e discórdia.

E esse lindo sonho de socialismo, em que cada um trabalharia pelo bem de todos, nunca chegará até que cerca de 51% dos adultos abandonem as amizades exclusivas. Até que chegue esse dia, você terá suas panelinhas, confissões — panelinhas maiores — facções, rixas e ocasionais turbas.

Não confie em ninguém, nem permita que ninguém confie em você. A sociedade ideal estará feita de indivíduos ideais. Seja um homem e seja amigo de todos.

Quando o Mestre aconselhou seus discípulos para que amassem os inimigos, ele estava pensando que o amor exclusivo é um erro — o amor perece quando é monopolizado — e cresce quando se dá. O amor é um erro. Seu inimigo é alguém que o entende mal — por que você não vai além, vê o erro dele e o respeita pelas qualidades que enxerga nele?

A LOUCURA DE VIVER NO FUTURO

Com frequência, faz-se uma pergunta: "O que acontece com todos os oradores da turma e os poetas das aulas inaugurais"?

Posso dar informação de duas partes para as quais essa pergunta foi feita: o orador da minha turma é agora um chefe de seção muito trabalhador e digno na loja Siegel, Cooper & Company; e eu era o poeta das aulas inaugurais. Ambos tínhamos os olhos fixos no Objetivo. Ficamos no Limiar e olhamos para o Mundo preparatório para ir em frente, agarrando-o pela cauda e arrancando sua cabeça para nosso próprio deleite.

Tínhamos os olhos fixos no Objetivo — poderia ter sido melhor a prisão.

Era absurdo fixarmos os olhos no Objetivo. Isso forçava nossa visão e desviava a atenção do trabalho. Perdemos o controle do presente.

Pensar no Objetivo é viajar a distância várias vezes na sua mente e ficar pensando em como ele está terrivelmente longe. Temos uma cabeça tão pequena — um capital intelectual tão limitado — que usá-la de forma estereotipada enquanto procuramos por algo distante é ficar encalhado irremediavelmente na loja Siegel, Cooper & Company.

É claro que a Siegel, Cooper & Company também está bem, mas o ponto é que esse não era o Objetivo!

Uma boa pitada de indiferença é um requisito necessário para um bom trabalho.

Ninguém sabe qual é o Objetivo — navegamos sob ordens seladas.

Faça seu trabalho hoje, da melhor maneira possível, e viva um dia de cada vez. O homem que faz isso está conservando a energia que Deus lhe deu, e não deslizando fora de controle nos tênues fios de uma teia de aranha tão frágil e translúcida que o destino cruel provavelmente descartará.

Fazer bem o seu trabalho hoje é a fórmula correta para obter algo melhor amanhã. O passado se foi para sempre; o futuro é inalcançável; somente o presente é nosso. Cada dia de trabalho é uma preparação para os deveres do dia seguinte.

Viva o presente — o Dia é aqui, a hora é Agora.

Há somente uma coisa pela qual vale a pena rezar: que estejamos na linha da Evolução.

O ESPÍRITO DO HOMEM

Talvez eu esteja completamente equivocado a respeito, mas não consigo deixar de acreditar que o espírito do homem viverá novamente em um mundo melhor que o nosso. O teólogo Fenelon disse que "A justiça exige outra vida para compensar as injustiças dessa". Os astrônomos predizem a existência de estrelas muito antes que possamos vê-las. Eles sabem onde elas devem estar e preparam os telescópios naquela direção, sabendo que vão encontrá-las.

Materialmente, ninguém pode imaginar algo mais lindo que a Terra, pela simples razão de que não podemos imaginar algo que não vimos; podemos fazer novas combinações, mas o todo é feito de partes que nos são familiares. Esse grande planeta verde — de onde brotamos e do qual somos parte, que sustenta nossos corpos e que os recebe de volta como pagamento do empréstimo — é realmente lindíssimo.

Mas o espírito do homem não está completamente à vontade aqui; quando crescemos em alma e intelecto, escutamos várias vezes uma voz que diz: "Levante-se e vá, pois este não é o seu descanso". Quanto mais elevado, nobre e sublime for o espírito, mais frequente é a insatisfação. A insatisfação pode surgir de várias causas, então não podemos assumir que os insatisfeitos sejam sempre puros de coração. Mas é fato que os sábios e superiores sempre souberam o que é ser calejado. Quanto mais você estuda e aprecia essa vida, mais sabe que aqui não termina tudo. Você descansa a cabeça na Mãe Terra e escuta o coração dela bater. Mesmo que seu espírito esteja preenchido do amor que ela oferece, sua alegria é metade dor, até que chega um júbilo que entristece. Olhar para as formas mais exaltadas de beleza, como o pôr do sol no mar, a chegada de uma tempestade nos campos, ou a majestade sublime das montanhas gera uma sensação de tristeza, de uma solidão crescente. É suficiente dizer que o homem usurpa o homem de modo que estamos privados de nossa liberdade, que a civilização é causada por um germe e que, a partir de uma condição natural, chegamos a uma balbúrdia na qual reina a rivalidade — tudo isso pode ser verdade, mas lá fora não há muito ambiente físico que a terra possa fornecer, ou que traga paz para a alma dos cansados. Os mais felizes são os que têm pouco; a fábula do rei ferido e do mendigo sem camisa contém a semente da verdade. Os sábios mantêm bem soltos os laços terrenos — eles estão se despindo para a eternidade.

O cansaço do mundo é apenas o desejo de uma melhor condição espiritual. Há mais por ser escrito a respeito desse assunto do sofrimento no mundo, mas para esgotar o assunto seria necessário um livro inteiro. E, certamente, não tenho a intenção de ser dono da última palavra em assunto algum. O gentil leitor tem alguns direitos, entre eles está o de resumir o caso.

Mas o fato é que a dor no mundo é uma forma de desejo. Todos os desejos são justos, próprios e corretos; sua realização é a maneira como a natureza nos fornece o que precisamos.

O desejo não nos faz apenas procurar o que queremos, mas é uma maneira de atrair o bem, assim como as amebas criam um redemoinho nas águas para deixar a comida a seu alcance.

Todo desejo na natureza tem um propósito fixo e definitivo na Economia Divina, e todo desejo tem sua própria gratificação. Se desejamos a amizade próxima de uma certa pessoa, é porque aquela pessoa tem certas qualidades na alma que não temos e que nos complementa.

Através do desejo tomamos posse de nós mesmos; ao nos submeter a seus chamados, elevamos nossa estatura e também damos a outros nossos atributos, sem empobrecer, pois a alma não é limitada. Toda a natureza é um símbolo do espírito, então sou obrigado a acreditar que em algum lugar deve haver uma gratificação adequada para essa nostalgia misteriosa da alma.

O Valhala do nórdico, o Nirvana do hindu e o Céu do cristão são a esperança natural de seres cujos cuidados e decepções aqui são amainados pela crença de que em algum lugar Thor, Brama ou Deus lhes compensarão com algo melhor.

As Unidades Eternas requerem uma condição em que homens e mulheres tenham permissão para amar, e não lamentar; para que a tirania do ódio não prevaleça, nem as ânsias do coração virem cinzas ao serem tocadas.

ARTE E RELIGIÃO

Embora a maior parte do que direi seja verdade, não estou certo se pode ser aplicado em todos os casos. Pense por você mesmo; caso eu esteja errado, ora, seja direto comigo.

A proposição é a seguinte: o artista não precisa de religião além de seu trabalho. Isto é, a arte é religião para o homem que tem belas ideias e as expressa o melhor que pode. A religião é uma excitação emocional em que o devoto se eleva a um estado de magnificência espiritual, durante o qual é absorto em uma atmosfera de descanso, paz e amor. Todos os homens e mulheres normais anseiam por tais momentos. Bernard Shaw diz que podemos alcançá-los ao consumirmos um chá forte, cigarro, uísque, ópio, amor, arte ou religião.

Acho que Bernard Shaw era um cínico, mas há um vislumbre de verdade nessa ideia, pelo que vale a pena repeti-la. Mas, além da religião natural, que é uma paixão pela unidade com o Todo, todas as religiões formais implantam o elemento do medo e ensinam a necessidade de aplacar um Ser Supremo. Nossa ideia de um Ser Supremo nos foi sugerida pelo governo político sob o qual vivemos. A situação foi resumida por Carlyle quando ele disse que, para o britânico médio, a divindade era simplesmente um George IV infinito. A ideia de Deus como um terrível Tirano Supremo primeiro tomou forma em uma monarquia ilimitada; mas como os governos se tornaram mais lenientes, os deuses também, até serem rebaixados (ou elevados) a uma república. Nesse regime, em que Deus é apenas um presidente, nós todos nos aproximamos Dele por meio de uma oração familiar, em absoluta igualdade.

Então, pela primeira vez, encontramos os homens dizendo: "Eu sou Deus e você é Deus, nós somos simplesmente partículas Dele". É aí quando o presidente é eliminado e vem o referendo. Mas a falta de um chefe governante supremo implica simplicidade, honestidade, justiça e sinceridade. Onde quer que haja conspirações, maquinações e métodos duvidosos de vida, é necessário haver um governante; também nesse caso, a religião, com a ideia de um Deus que deve ser abrandado, tem um domínio firme. Homens cujas vidas são questionáveis sentem a necessidade de um governo forte e uma religião cálida. A religião formal e o pecado andam de mãos dadas. A religião formal e a escravidão andam de mãos dadas. A religião formal e a tirania andam de mãos dadas. A religião formal e a ignorância andam de mãos dadas.

E o pecado, a escravidão, a tirania e a ignorância são uma coisa só — nunca se separam.

A religião formal é um esquema no qual o homem espera fazer as pazes com seu Criador; ela tende também a satisfazer a sensação de magnificência quando o homem não encontra satisfação no trabalho. Voltaire dizia que "Quando a mulher não se acha mais aceitável para um homem, ela se volta para Deus" e "Quando o homem não é mais aceitável para ele mesmo, ele vai para a igreja". Para que esse artigo não se estenda e se transforme em um livro, omiti dizer algo de propósito a respeito da Igreja Protestante funcionar como um clube social e acabo de presumir, para o bem desse argumento, que a igreja é realmente uma instituição religiosa.

Uma religião formal é apenas um grande atalho, uma tentativa de trazer as emoções e sensações que chegam a um homem através da prática do amor, virtude, excelência e verdade. Quando você faz um trabalho esplêndido e expressa o seu melhor, recebe como recompensa a exaltação da alma, a grandiosidade de um sentimento que o deixa de momento em contato com o Infinito. Uma religião formal lhe permite esse sentimento sem que você faça nada útil, portanto, é antinatural.

A religião formal é mais forte onde sobra o pecado, escravidão, tirania e ignorância. Quando os homens são livres, esclarecidos e ocupados, encontram toda a gratificação que as almas demandam no trabalho — e deixam de procurar fora deles algo que os tranquilize. Eles estão em paz consigo mesmo, em paz com os homens e com Deus.

Mas qualquer homem amarrado a um trabalho inútil — que não permite que ele se expresse diariamente e em que, além disso, é perseguido pelo chefe — sempre que tiver um momento de descanso buscará a bebida ou a religião.

Os homens que vivem esperando que chegue a noite do sábado, que conspiram para suplantar alguém, que conseguem um empregador a qualquer hora do dia, que usam a inteligência para evadir trabalho, que só pensam nas férias de verão para não ter que trabalhar, estão propensos a serem os defensores da observância dos sábados ou das idas à igreja.

Os cavalheiros negociantes que dão onze por meia dúzia, que contam 34 polegadas por jarda, rápidos em executar uma hipoteca e que dizem "negócios são negócios" geralmente são da junta paroquial, diáconos ou curadores da igreja. Olhe ao seu redor! Corretores imobiliários predadores que armam redes para os ingênuos, advogados que ficam à espreita de uma presa, príncipes mercadores que moem seus trabalhadores sob a roda e magnatas do petróleo cuja história nunca foi escrita (nem jamais poderá ser), todos eles fazem as pazes com Deus e obtêm gratificação por seu sentido de magnificência ao construir igrejas, fundar escolas, doar bibliotecas e se apegar firmemente a uma religião formal. Olhe ao seu redor!

Para recapitular: se seu estilo de vida-trabalho é duvidoso, questionável ou desagradável, você se manterá equilibrado saindo da sua vocação e buscando a gratificação que merece, mas que é negada no seu dia a dia de trabalho, até a encontrar na religião. Não digo que seja sempre, mas costuma ser assim. Os grandes pecadores são propensos a serem muito religiosos. Além disso, os melhores homens nunca estão nas igrejas.

Os homens imersos no trabalho, que dedicam suas vidas a atividades, que são simples, honestos e sinceros, eles não desejam uma religião formal, não precisam de um padre ou pastor, nem procuram gratificação fora de suas vidas diárias. Tudo o que pedem é estar sozinhos; desejam somente o privilégio de trabalhar.

Quando Samuel Johnson, no leito de morte, fez Joshua Reynolds prometer que não trabalharia mais aos domingos, obviamente não tinha ideia da realidade, pois foi através do trabalho que Reynolds alcançou a mesma condição mental que Johnson alcançou, só que indo à igreja. Johnson desprezava o trabalho enquanto Reynolds adorava trabalhar; Johnson considerava um dia na semana sagrado, já para Reynolds todos os dias eram sagrados — sagrados para trabalhar; ou seja, para expressar o seu melhor. Por que você deixaria de expressar seu melhor e mais sagrado aos domingos? Ah! Sei porque você não trabalha aos domingos! É porque você acha que o trabalho degrada. Porque sua venda e escambo estão baseados em fraude e suas mercadorias são fajutas. Seus negócios durante a semana são uma mortalha sobre sua consciência e você precisa de um dia para se livrar do cansaço da escravidão sob a que vive. Você não é livre e insiste em que os outros tampouco o serão.

Você deixou de estar contente no trabalho. Você está na labuta e faz os outros lhe acompanharem; à noite, todos desmaiam de cansaço e desgosto.

Você é tanto escravo como senhor de escravos, pois quem tem escravos só pode viver na escravidão.

O artista, porém, é livre e trabalha contente; para ele, tudo é bom e todos os dias são sagrados. Os grandes inventores, pensadores, poetas, músicos e artistas foram homens de natureza profundamente religiosa; mas sua religião nunca foi formalizada, restrita e nem engessada. Não adoravam em templos nem em horários fixos. Sua religião é um florescimento natural e espontâneo do intelecto e das emoções — trabalham apaixonadamente, não apenas um dia na semana, mas todos os dias e, para eles, os bosques sempre foram e sempre serão os primeiros templos de Deus.

Trabalhemos para tornar os homens livres! Sou ruim por querer dar-lhe liberdade? E você trabalhou com alegria em vez de medo?

Não hesite em trabalhar aos domingos, assim como você não hesita em ter bons pensamentos quando o espírito o motiva. O trabalho é, no final, apenas a expressão do pensamento e não pode haver melhor religião que o bom trabalho.

INICIATIVA

O mundo concede seus grandes prêmios em dinheiro e em honrarias, com uma exceção: a iniciativa. O que é a iniciativa? Eu lhe direi: É fazer o correto sem que lhe digam. Mas há algo que é quase fazer a coisa certa sem que lhe digam: é quando você faz o correto depois que lhe dizem uma vez. Ou seja, leve a Mensagem para Garcia[7]! Há quem nunca faz nada até que lhe digam duas vezes: essa pessoa não recebe honras e o pagamento é pequeno. Logo, há quem faz o correto apenas quando a necessidade bate à porta: esses recebem indiferença em vez de honras, e o pagamento é uma ninharia. Essa é a pessoa que passa a maioria do tempo sentada contando histórias de azar. Depois, ainda mais abaixo na escala, está o sujeito que não fará o correto nem quando vá acompanhado de alguém que lhe mostre como, e que ainda o espera para ver como ele faz. Essa pessoa sempre está desempregada e recebe o desprezo merecido, a menos que tenha um pai rico — nesse caso, o Destino o espera por perto com um porrete de pelúcia. Que tipo de pessoa você é?

7 *Message to Garcia* famoso ensaio do autor publicado em 1899. (N. do T.)

A GAROTA DESAGRADÁVEL

O dramaturgo mais famoso da Inglaterra, George Bernard Shaw, expôs ao escárnio público o que ele gostava de chamar de "A garota desagradável".

E ele fez isso pelo processo fotográfico de colotipia[8], registrando de tal forma que isso certamente o responsabilizava por denúncia caluniosa no julgamento da alta sociedade.

Digo julgamento da sociedade deliberadamente porque apenas em sociedade a garota desagradável pode desempenhar um papel de destaque, assumindo o centro do palco. A sociedade, no sentido de sociedade, é construída sobre a vacuidade; seus favores são para quem revela uma ótima capacidade de desperdiçar e consumir. Aqueles que escreveriam seus nomes no mais alto do quadro de honra não precisavam ser úteis ou inteligentes — precisavam apenas aparentar algo.

Isso dá à garota desagradável sua oportunidade. Na fábrica de caixas de papel, ela teria que se dar bem; na fábrica Cluett, Coon & Co., pedir resultados; o palco exige ao menos um módico intelecto, além de forma, mas a sociedade não pede nada além de fingimento, o triunfo é dado à tagarelice. Mas não pense, por favor, que a garota desagradável não exerce influência. Esse é exatamente o ponto — sua influência é tão abrangente que George Bernard Shaw, em um apanhado da vida em forma de dramas, não consegue escrever uma peça e deixá-la de fora.

8 A colotipia é um processo fotomecânico de impressão introduzido em 1870 e utilizado até hoje em pequena escala para fotografias. (N. do T.)

Ela está sempre conosco, ubíqua, onisciente, onipresente: a garota desagradável. Ela é uma decepção para o pai, uma fonte de humilhação para a mãe, uma praga para os irmãos e irmãs e, quando finalmente se casa, derroca a inspiração do marido e, com frequência, transforma um homem orgulhoso e ambicioso em um patife débil e covarde.

A garota desagradável brilha apenas na sociedade — em todos os outros lugares, ela não passa de um fracasso repugnante. A tão alardeada "garota Gibson"[9] é uma espécie de edição de luxo da garota desagradável de Shaw. A garota Gibson se curva, faz beicinho, chora, conversa, fica à espreita, sonha, come, bebe, dorme e boceja. Ela anda de carruagem usando uma jaqueta vermelha, joga golfe com um suéter que oculta segundas intenções, passa o tempo na varanda do hotel e se vira no piano. Mas você nunca a verá fazer algo útil ou dizer palavras sábias. Ela joga bridge whist[10], "segura" quando ganha e "fica devendo" quando perde; sua foto em atraente meio-tom geralmente adorna uma página do Sunday Yellow.

Ela demonstra uma bela capacidade para evitar qualquer esforço útil.

Gibson doura a garota desagradável.

Shawn a descreve como ela é.

Na peça *Uma Casa de Bonecas*, Henrik Ibsen nos deu *Nora Hebler*, uma garota desagradável de idade madura, que, sem sombra de dúvidas, primeiro deixou George Bernard Shaw pensativo. Então, olhando em volta, Shaw a viu em cada volta, em cada passo da sua existência de mariposa até borboleta.

Estando a garota desagradável em toda parte, Shaw, um comerciante do caráter humano, não pode escrever uma peça e deixá-la de fora, assim como o artista Turner não pode pintar sem uma figura humana ou Paul Veronese pintar um quadro e omitir um cachorro.

A garota desagradável é uma mulher do gênero homo persuasão, construída com base em um aparelho digestivo que tem marcada inclinação por *marshmallow*. Ela é linda, rosada, nariz empinado, espirituosa e poética; à primeira vista, para os ingênuos, mostra sinais de gentileza e inteligência. Sua idade varia entre 18 e 28 anos; aos 28, ela começa a se transformar em algo mais e sua capacidade de causar dano diminui amplamente, pois, a essa altura, o espírito já está impresso em sua forma e feições; sua grosseria e caráter animalesco, antes ocultos, agora se tornam aparentes.

O hábito se imprime no rosto, e seu corpo é uma máquina de gravação automática.

9 A garota Gibson representa o ideal de beleza feminina dos Estados Unidos no fim do século XIX. (N. do T.)

10 Bridge Whist é uma evolução do jogo de cartas inglês Whist, que foi muito popular nos séculos XVIII e XIX. (N. do R.)

Para ter uma bela velhice, é necessário viver uma bela juventude, pois somos posteridade e todo homem é seu próprio ancestral. Sou hoje quem sou porque ontem fui o que fui. A garota desagradável sempre é linda, pelo menos nos disseram isso, e ela aceita totalmente essa máxima.

Também lhe disseram que ela era inteligente, e ela acha que é.

O fato é que ela só chega a "atrevida".

A boa explosão da juventude tende a tornar o sexo desenfreado, mas ela não é "imoral", exceto em sua mente.

Ela tem um cuidado que beira a covardia, portanto, é irrepreensível. Em público, ela finge ser delicada; mas sozinha, ou com aqueles cuja boa opinião não lhe importa, ela é grosseira, vulgar e sensual em cada aspecto da vida. Ela come muito, não se exercita bem e acha divertido deixar os outros à espera, ou que façam por ela coisas que ela mesma deveria fazer. Seu quarto é uma completa desordem. A única salvação para ela é que, por vergonha, ela evita que entrem visitas. O egoísmo concreto é sua marca registrada. Ela evita assumir responsabilidades e esquiva qualquer tarefa que exija um esforço honesto. É mentirosa, misteriosa, preguiçosa e desonesta.

"O que você está comendo?", pergunta o marido de Nora Hebler quando ela entra na sala, sem esperar vê-lo.

"Nada", é a resposta, escondendo a caixa de bombons atrás dela, e logo sai da sala.

Acho que o Sr. Hebler não tinha que ter perguntado o que ela estava comendo — nenhum homem deveria perguntar isso a uma mulher, além do mais, não fazia diferença. Mas Nora sempre está na defensiva e inventa histórias quando é necessário, e também quando não é, só por força do hábito. Ela esconderá uma carta escrita por sua avó tão rápido e habilmente como se fosse uma missiva de um amante culpado. Ela tem o hábito de suspeitar, pois sendo culpada no seu interior, ela suspeita de todos mesmo quando for provável que ela nunca tenha cometido o crime de transformar o pensamento em ação. Nora vai revirar os bolsos do marido, ler sua agenda, revisar suas cartas e, quando ele sair de viagem, ela passará o dia conferindo sua mesa, pois sua alma se deleita com as chaves duplicadas.

Às vezes, ela dá pistas a respeito de histórias bobas que não são dela, só para confundir as pessoas.

Ela faz coisas estranhas e irritantes simplesmente para ver o que os outros farão.

Em algum grau, o marido de Nora fixou o vício da sutileza na natureza dela, pois quando até mesmo uma "boa" mulher é acusada, ela se defende usando truques e ganha seu argumento pela arte dos bordéis. De qualquer jeito, os homens e as mulheres nunca ficam completamente separados, e as mulheres terminam sendo principalmente obra dos homens.

Estamos todos apenas nos livrando das nossas amarras; ouça bem, em qualquer parte, até mesmo entre pessoas honestas e intelectuais, se é que existem, você pode ouvir o estalido das correntes.

A mente e a alma da garota desagradável não acompanham seu corpo. Ontem ela era uma escrava, vendida em um mercado circassiano. A liberdade é algo tão novo e estranho para ela que ela não está à vontade no ambiente e não sabe o que fazer nele.

A tragédia que vive, de acordo com George Bernard Shaw, se deve ao fato de que frequentemente os bons homens, cegos pelo encanto do sexo, pensam que amam a garota desagradável, quando o que amam é seu próprio ideal — uma imagem vinda de sua própria mente.

A natureza é tanto trapaceira quanto comediante, sempre coloca o desejo das espécies antes do discernimento do indivíduo. O picador tem que vendar os olhos do seu cavalo para fazê-lo entrar na praça de touros e, da mesma forma, o mago Dan Cupid se faz de míope com um propósito.

Pelo que sabemos, a adorável Beatriz de Dante foi apenas uma garota desagradável, vestida na fantasia de um poeta e idealizada por um sonhador. Afortunado foi Dante por haver adorado Beatriz de longe. Ele nunca a conheceu tão bem a ponto de ser desenganado, e assim andou pela vida apaixonado pelo amor; sensível, inocente, triste com doçura e divinamente feliz em sua melancolia.

A NEUTRALIDADE

É do meu conhecimento que uma casa de negócios proeminente, pela força de sua franqueza e valor, incorreu na inimizade de muitos rivais. Na verdade, há uma conspiração bem geral em ação para depreciar e constranger a instituição. Conversando com um jovem empregado dessa casa, ele bocejou e disse "Ah, nessa briga estou neutro".

"Mas seu sustento vem desse trabalho. Em um assunto em que a sobrevivência da instituição está em jogo, não vejo como você pode ficar neutro".

E ele mudou de assunto.

Acho que se me alistasse no exército japonês eu não ficaria neutro.

Os negócios são uma luta — uma luta contínua — como a vida. O homem alcançou o atual grau de desenvolvimento através de luta. A luta tem que existir; sempre existirá. A luta começou de forma meramente física; com a evolução do homem, ela passou a ser mental, psíquica e espiritual. Atualmente permanece um pouquinho dessa tendência do homem das cavernas. Mas não duvide, a luta sempre estará presente — a vida é atividade. Mesmo quando se trate de uma luta pelo bem, ainda assim será uma luta. Quando a inércia leva o melhor de você, é hora de chamar o agente funerário.

A única coisa neutra nesse jogo da vida é um morto.

A vigilância eterna é não apenas o preço da liberdade, mas de tudo o que é bom.

Um negócio que não está protegido por todos os lados por homens ativos, alerta, atentos e vigilantes já está perdido. Assim como o oxigênio é o princípio desintegrador da vida, trabalhando dia e noite para dissolver, apartar, separar e dissipar, há algo nos negócios que tende continuamente a espalhar, destruir e transferir a posse de um homem para outro. Há milhões de ratos mordiscando todo empreendimento comercial permanentemente.

Os ratos não são neutros. Se um número suficiente de empregados em uma casa de negócios forem neutros, todo o negócio acabará desmoronando sobre seus ouvidos.

Gosto daquela ordem do marechal de campo Oyama: "Dê a todo honorável homem neutro que você encontrar nas nossas linhas um honorável golpe de jiu-jitsu".

REFLEXÕES SOBRE O PROGRESSO

Renan disse que a verdade sempre é rejeitada quando chega pela primeira vez a um homem. A evolução é a seguinte:

Primeiro, dizemos que a coisa é uma completa heresia e contrária à Bíblia.

Segundo, de qualquer maneira, o assunto realmente não vale nada.

Finalmente, dizemos que sempre havíamos acreditado nisso.

Duzentos anos atrás, as sociedades nos negócios eram muito raras. Um homem de negócios simplesmente produzia algo que vendia — e toda a fabricação era feita por ele e por sua família imediata. Logo começamos a ver casos de irmãos que continuavam o trabalho que os pais começaram, como foi o caso dos Elzevirs e dos Plantins, grandes editores e donos de gráficas da Holanda. Para lidar com essa competição, quatro gráficas formaram uma sociedade e uniram seus esforços em 1640. Um escritor local, Van Krugen, denunciou essas quatro gráficas e atacou ferozmente as sociedades em geral, descrevendo-as como perversas, ilegais e na contramão do melhor para a população. Essa visão parece ter sido a predominante, pois havia uma lei em Amsterdã que proibia todas as sociedades nos negócios que não fossem autorizadas pelo Estado. A legislatura do estado do Missouri havia declarado uma guerra no mesmo formato contra as lojas de departamentos usando o velho argumento de Van Krugen como justificativa, uma vez que não havia direitos autorais sobre a estupidez.

Em Londres, no século XVII, os homens que eram culpados de unir seus esforços e dividir os lucros eram condenados pela justiça e punidos por "contumácia, contravenção e conivência" e experimentavam as ações na praça pública.

Quando as corporações foram formadas pela primeira vez, apenas alguns anos antes, houve uma forte onda de desaprovação. A corporação foi declarada um esquema de opressão, comparada a um polvo faminto ou a um moedor de pessoas. Para prová-lo, mencionaram vários casos de dificuldades. Não cabe dúvida de que houve muito sofrimento, pois muita gente nunca conseguiu se adaptar às novas condições sem sentir dor e arrependimento.

Mas agora acreditamos que as corporações apareceram porque surgiu uma demanda. Algumas coisas foram necessárias com o tempo; não foram tarefas que um, dois ou três homens pudessem realizar sozinhos — daí a corporação. O crescimento da Inglaterra como uma nação manufatureira começou com o plano da sociedade anônima.

O agrupamento conhecido como sociedade anônima (agora todos estão dispostos a reconhecer) era absolutamente necessário para garantir o maquinário, ou seja, as ferramentas, matérias-primas e edifícios, além de assegurar financeiramente a permanência do empreendimento.

O sistema ferroviário dos Estados Unidos construiu esse país — foi do negócio das sociedades anônimas e do transporte que dependeu nossa prosperidade. "O comércio consiste em carregar coisas de um ponto onde são abundantes a outro onde são necessárias", diz Emerson.

Há dez combinações de capital nesse país que controlam mais de seis mil milhas de ferrovias cada. Essas companhias receberam várias linhas pequenas; muitas linhas de conexão de trilhos foram construídas. A competição por extensas seções do país foi praticamente bloqueada, algo feito de forma tão rápida que poucas pessoas souberam dessa mudança. Apenas um resultado geral dessa consolidação da gestão foi percebido: um melhor serviço a um menor preço. Nenhum líder de um grande empreendimento industrial se atreve a dizer agora que "O público que se dane". Se é que algum disse mesmo alguma vez, algo que duvido. O caminho do sucesso está em servir ao público, não em afrontá-lo. O sucesso não é possível de outra maneira. Essa verdade é tão pura e simples que qualquer pessoa pode reconhecê-la. Você só pode ajudar a si mesmo ajudando os outros.

Há trinta anos, quando P. T. Barnum disse que "o público se deleita ao ser enganado", ele sabia que isso não era verdade, pois nunca tentou pôr o axioma em prática. Ele divertia o público contando uma mentira, mas nunca tentou algo tão arriscado quanto enganar. Até mesmo quando ele mentia, nós não éramos enganados; a verdade pode ser dita por indiretas. "Quando meu amor me diz que ela está feita de verdades, eu acredito, embora saiba que ela está mentindo". Barnum sempre deu mais do que anunciava; indo sempre pelo mesmo território, ele continuou a divertir e instruir o público por quase quarenta anos.

Essa tendência de cooperação é vista em características esplêndidas no caso da Union Station, em St. Louis, por exemplo, onde apenas vinte grandes empresas ferroviárias deixam de lado a inveja, preconceito, rivalidade e capricho e compartilham um terminal. Se a competição fosse realmente a vida do comércio, cada ferrovia que entra em St. Louis teria sua própria estação e o público teria a preocupação, os problemas, os gastos e a demora infinita de encontrar aonde quisesse ir e como chegar lá. Da forma como está agora, o objetivo completo do esquema é diminuir os problemas, a preocupação e os gastos, dando ao público a melhor acomodação — o melhor serviço possível — para tornar a viagem fácil e segura. Os funcionários em uniforme encontram o passageiro no momento do desembarque e respondem todas suas perguntas — ajudando-o a ganhar tempo, demonstrando cortesia e gentileza. Há mulheres para cuidar das mulheres, enfermeiras para cuidar das crianças e cadeiras de rodas para quem estiver doente ou tiver alguma deficiência. O objetivo é servir — e não o levar de um lado a outro, ou vender uma passagem para determinada estrada. Você tem liberdade de escolher sua rota, de usar como quiser essa instituição que custou um milhão de dólares e que requer a presença de duzentas pessoas trabalhando no serviço de manutenção. Ela é toda sua e existe para o público. Só foi possível construí-la devido à união de desejo com objetivos, ou seja, com cooperação. Antes da cooperação entrar em qualquer ramo, sempre há competição, levada a um ponto em que há risco de destruição e promessa de caos; então, para evitar a ruína, os homens planejam um caminho melhor, um plano para conservar e economizar e eis que está fundado na cooperação.

A civilização é uma evolução.

A civilização não é algo separado ou diferente, assim como a arte também não é.

A arte é uma bela forma de fazer as coisas, enquanto a civilização é a forma rápida de fazê-las. E como a pressa geralmente significa desperdício — quanto mais pressa menor velocidade —, a civilização é a melhor maneira de fazer as coisas.

À medida que a humanidade aumenta em população, a questão importante do planeta é fornecer às pessoas o que elas precisam. A humanidade sempre ofereceu recompensas em forma de fama ou dinheiro — ambas sendo formas de poder — a quem oferecer coisas melhores.

Os professores são aqueles que educam as pessoas para apreciarem as coisas que precisam.

O homem que estuda a humanidade, que descobre o que os homens querem e logo lhes fornece isso (uma ideia ou uma coisa), é um homem que recebe a coroa de louros com honrarias e é coberto de riquezas.

O que as pessoas querem e o que precisam podem ser coisas bem diferentes.

Comprometer-se em fornecer uma coisa que você acha que as pessoas precisam, mas que elas não querem, é ter sua cabeça erguida em uma lança e seus ossos enterrados em uma fossa comum.

Mas, espere, pois o mundo ainda vai querer aquilo que precisa, e seus ossos se tornarão relíquias sagradas.

Essa mudança no desejo por parte da humanidade é resultado do crescimento do intelecto.

É progresso, o progresso é evolução e a evolução é progresso.

Há homens que estão constantemente tentando impulsionar o progresso: chamamos esses indivíduos de "reformadores".

Mas há outros que sempre se opõem aos reformadores — o termo mais brando para descrevê-los é "conservadores".

O reformador ou é um salvador, ou é um rebelde, dependendo de se ele tem sucesso ou não, e do seu ponto de vista. Ele é o que é, independente do que pensam dele. O homem que é indiciado e executado como um rebelde, geralmente depois tem a palavra "salvador" gravada no seu túmulo; às vezes, homens que são considerados salvadores no seu dia são depois considerados falsos salvadores, isto é, charlatões. A conservação é um plano da natureza. Guardar o bem é conservar. Um homem conservador é quem pisa no freio quando pensa que o progresso levará a civilização a uma vala e destruir todas as empresas.

É necessário ter homens que pisam no freio, mas, na linguagem do Eclesiastes, há um momento de pisar no freio e outro para abster-se disso. Parar as rodas continuamente é ficar parado, e ficar parado é recuar. O progresso precisa de pessoas que pisem no freio, mas essas pessoas não podem se ocupar o tempo todo dos freios.

O conservador é tão necessário quanto o radical. O conservador evita que o reformador vá muito rápido e colha o fruto antes que ele esteja maduro. Os governos são bons somente quando há uma forte oposição, da mesma forma que os planetas permanecem em órbita devido a forças de oposição. Assim a civilização avança com paradas e recomeços — empurrada pelos reformadores e freada pelos conservadores. Um é necessário ao outro e eles trocam geralmente de posição. Mas a civilização sempre avança — determinando a melhor maneira de fazer as coisas.

No comércio, tivemos o trabalhador individual, a sociedade, a corporação e agora temos o monopólio.

O monopólio nada mais é que as corporações formarem sociedades. A coisa toda é uma evolução — um avanço. É tudo para o homem e tudo é feito pelo homem. Tudo é feito com o consentimento, o voto a favor e a aprovação do homem.

Os monopólios são feitos pelas pessoas e as pessoas podem desfazê-los, caso se comprove que ele seja um motor de opressão. Existem somente enquanto se comportam bem e, assim como os homens, vivem sob uma sentença de morte, com um indulto indefinido.

Os monopólios são algo bom porque economizam energia. Eliminam o desperdício, aumentam a produção e tornam o pânico praticamente impossível.

Os monopólios estão aqui apesar dos homens que pensam que os criaram e apesar dos reformadores que se tornaram conservadores, e logo fizeram oposição a eles.

O próximo movimento da evolução será a idade do socialismo. O socialismo significa a operação de todas as indústrias pelo povo e para o povo. É a cooperação em vez da competição. A competição tem sido tão geral que os economistas a confundiram com uma lei da natureza, quando é apenas um incidente.

Nem a competição, nem o ódio são leis da natureza. Alguma vez se acreditou tanto no ódio que lhe demos uma personalidade e o chamamos de Diabo.

Banimos o Diabo quando educamos as pessoas para que soubessem que quem trabalha não tem tempo para odiar, nem tem o que temer. Da mesma forma, por meio da educação, as pessoas estarão preparadas para a idade do socialismo.

Os monopólios agora estão preparando o terreno para o socialismo.

O socialismo é um monopólio dos monopólios.

A humanidade está crescendo em intelecto, em paciência, em bondade — em amor. Quando chegar a hora, as pessoas vão intervir e tomar posse em paz do que é delas. A Comunidade Cooperativa[11] dará a cada um o que lhe é devido.

11 Em inglês, Cooperative Commonwealth. (N. do T.)

COMPAIXÃO, CONHECIMENTO E EQUILÍBRIO

A compaixão, o conhecimento e o equilíbrio parecem ser os três ingredientes mais importantes para formar o homem bom. Organizo esses elementos segundo seu valor. Ninguém é grande se não sentir compaixão; esse sentimento permite avaliar a grandeza de cada um com segurança. A compaixão e a imaginação são irmãs gêmeas. Seu coração deve estar nos homens: altos e baixos, ricos e pobres, instruídos e incultos, bons e maus, sábios e tolos — é preciso ser um só com todos, senão você nunca os compreenderá. A compaixão é a pedra angular de todo segredo, a chave para todo conhecimento, o "abre-te, sésamo" para todos os corações. Ponha-se no lugar de outro homem e você saberá porque ele pensa certas coisas ou faz outras. Ponha-se no lugar dele e sua culpa vai se dissolver em pena, suas lágrimas vão enxugar a história das maldades dele. Os salvadores do mundo têm sido simplesmente homens com uma incrível compaixão.

Mas o conhecimento deve ir acompanhado de compaixão, senão as emoções se tornarão piegas e a piedade pode ser desperdiçada num cachorro em vez de numa criança; ou num camundongo em vez de numa alma humana. Usar o conhecimento é ter sabedoria, e a sabedoria implica um sentido de valores — você sabe a diferença entre algo importante e algo pequeno, entre uma informação valiosa e uma trivial. A tragédia e a comédia são simplesmente questões de valor: um pequeno desajuste na vida nos faz rir, mas se for grande, se torna uma tragédia e vira motivo de tristeza.

O equilíbrio é exercer a força do corpo e da mente para controlar a compaixão e o conhecimento. Se você não controlar suas emoções, elas o atropelam e o deixam no atoleiro. A compaixão não deve correr solta, senão perde o valor e simboliza fraqueza em vez de força. Em todo hospital de doenças psiquiátricas, há muitos exemplos dessa perda de controle. O indivíduo tem compaixão, mas não tem equilíbrio, portanto, sua vida não tem valor para ele nem para o mundo.

Ele representa ineficiência, não utilidade. O equilíbrio se revela mais na voz do que nas palavras; mais no pensamento do que na ação; mais na atmosfera do que na vida consciente; é uma qualidade espiritual; é mais percebido do que visto. Não é uma questão de tamanho corporal, ou atitude corporal, nem de vestimenta ou formosura: é um estado de ser interior, de saber que sua causa é justa. Então você vê que é um assunto grande e profundo depois de tudo, grande em suas ramificações, sem limite de extensão, implicando toda a ciência da vida justa. Uma vez conheci um homem que tinha o corpo deformado, era um pouco maior do que um anão, mas tinha tamanha gravidade espiritual — tanto equilíbrio — que entrar em uma sala onde ele estava era sentir sua presença e reconhecer essa superioridade. Permitir que a compaixão seja desperdiçada em objetos sem valor é drenar a força vital de cada um. Conservar faz parte da sabedoria, reservar é um elemento necessário em toda boa literatura, assim como em tudo o mais.

O equilíbrio, sendo o controle da nossa compaixão e conhecimento, implica a posse dessas qualidades, pois sem ter compaixão e conhecimento você não conta com nada para controlar seu corpo. Praticar o equilíbrio como um mero exercício de ginástica, ou estudar etiqueta, é ser autoconsciente, rígido, absurdo e ridículo. Quem perfaz tão incríveis truques diante dos céus a ponto de fazer os anjos chorarem, são homens isentos de compaixão e de conhecimento que tentam cultivar o equilíbrio. Sua ciência é meramente questão do que fazer com os braços e as pernas. O equilíbrio é uma questão de o espírito controlar a carne e do coração controlar a atitude.

Obtenha conhecimento estando perto da natureza. O homem é grande quando serve seu semelhante. A compaixão e o conhecimento devem ser usados: você os adquire para distribuir e os acumula para doar. Como Deus lhe deu as bênçãos supremas da compaixão e do conhecimento, você desejará revelar sua gratidão distribuindo-as novamente, pois o homem sábio tem consciência de que mantém as qualidades espirituais somente se as distribui. Deixe sua luz brilhar. Àquele que tem, será dado. O exercício da sabedoria traz sabedoria. Finalmente, a quantidade infinitesimal do conhecimento do homem — comparada com o infinito — e a insignificância da compaixão do homem — comparada com a fonte da qual a nossa é absorvida — irão se desenvolver em abnegação e humildade que, por sua vez, vão conferir um perfeito equilíbrio. O cavalheiro é um homem com compaixão, conhecimento e equilíbrio perfeitos.

AMOR E FÉ

Nenhuma mulher merece ser esposa se no dia do seu casamento não estiver completamente absorta em uma atmosfera de amor e confiança perfeitos; a sacralidade suprema da relação é a única coisa que, nesse momento, deve possuir sua alma. Ou será ela uma prostituta que deve negociar?

As mulheres não devem "obedecer" aos homens mais do que os homens devem obedecer a elas. Há seis requisitos para um casamento feliz: o primeiro é a fé; os outros cinco, a confiança. Nada dá mais prazer a um homem que saber que uma mulher acredita nele; nada agrada mais a uma mulher que um homem que confie nela.

Obedecer? Deus me ajude! Sim, se eu amasse uma mulher, o maior desejo do meu coração seria obedecer a seu mínimo desejo. E como eu poderia amá-la, só se tivesse a total confiança em que ela somente aspirasse ao belo, correto e verdadeiro? Para possibilitá-la concretizar esse ideal, seus desejos seriam um comando sagrado para mim; tenho certeza de que sua atitude em relação a mim seria a mesma. A única rivalidade entre nós seria quem amaria mais; e o desejo de obedecer seria o único impulso controlador de nossa vida.

Nós ganhamos liberdade ao concedê-la; quem concede fé a recebe de volta com juros. Quando o quesito é o amor, negociar e exigir significa perder.

A mulher que interrompe a cerimônia de casamento e pede que o pastor omita a palavra "obedecer" está semeando a primeira semente da dúvida e da desconfiança que pode levar ao processo de divórcio posteriormente.

O regateio e as brigas durante acordos, além dos dotes que geralmente precedem o casamento de "sangue" e "dólares", são avisos ignorados de que a miséria, a mágoa, o sofrimento e a desgraça aguardam os noivos.

A fé perfeita implica o amor perfeito; e o amor perfeito expulsa o medo. É sempre o medo da imposição e a intenção oculta de mandar que levam uma mulher a negociar uma palavra — é a falta de amor, uma limitação, uma incapacidade. O preço do amor perfeito é uma entrega completa e absoluta.

Fique com parte do preço e seu destino será o destino de Ananias e Safira: a morte será instantânea e certa. Para ganhar tudo, devemos dar tudo.

DAR ALGO EM TROCA DE NADA

Dar algo a um homem em troca de nada tende a deixar o indivíduo insatisfeito consigo. Seus inimigos são aqueles a quem você ajudou. Quando um indivíduo está insatisfeito consigo, ele está insatisfeito com o mundo inteiro — e com você também.

A briga de um homem com o mundo é apenas uma briga com ele mesmo. Mas tão forte é a tendência de colocar a culpa em outra coisa e ficar com os créditos, que quando estamos infelizes, dizemos que é culpa daquele homem ou daquela mulher. As mulheres, especialmente, atribuem seu sofrimento àquele homem.

Muitas vezes, o problema é que ele deu muito a ela em troca de nada.

Essa verdade é uma ação reversível, comprovada e que funciona nos dois sentidos — conforme seja o caso.

Ninguém, exceto um mendigo, tem realmente ideias definidas sobre seus direitos. As pessoas que dão muito — que amam muito — não pechincham.

A forma de afeição que impele a regateios afiados e faz exigências ganha um cheque sem fundos.

Não há nada tão caro quanto aquilo que você ganha por nada.

Meu amigo Tom Lowry, extraordinário magnata de Mineápolis e do leste de Wall Street, passou há pouco por uma experiência que prova o que quero dizer.

Um mendigo robusto, um espécime de gentileza decadente, uma vez visitou Tom com uma Bíblia da família e uma história muito triste, e pediu um pequeno empréstimo em nome do Bom Livro.

Ser compelido a encharcar a Bíblia da Família certamente iria derreter aquele coração de pedra!

Tom ficou derretido.

Fez o empréstimo, mas recusou a garantia, afirmando que não era necessária.

Foi a verdade de Deus pela primeira vez.

Em poucas semanas, o homem retornou e tentou contar a Tom aquela história triste a respeito da fria ingratidão de um mundo cruel.

Tom disse: "Poupe-me da música fúnebre e do recital. Já tenho meus próprios problemas. Preciso de alegria e bom ânimo — tome um dólar e que a paz esteja convosco".

"Que a paz se multiplique para ti", respondeu o mendigo, e partiu. No mês seguinte, o homem voltou e começou a contar a Tom uma história de crueldade, injustiça e ingratidão.

Tom se irritou — ele tinha seus negócios de magnata para resolver e fez uma tremenda observação. O mendigo disse: "Mr. Lowry, se o senhor tivesse seu negócio um pouco mais sistematizado, eu não teria que incomodá-lo pessoalmente — por que o senhor não fala diretamente com seu caixa"? E o grande homem, que uma vez levou um grupo de amigos para uma caçaria e, pela força do hábito, recolheu cinco centavos de cada convidado, ficou tão feliz com o pensamento de alívio que apertou a campainha. O caixa veio e Tom disse: "Ponha esse homem Grabheimer na folha de pagamento, dê a ele dois dólares agora e faça isso no primeiro dia de cada mês".

E, virando-se para o mendigo, falou: "Agora saia daqui — rápido! Ande! — E dane-se"!

"O mesmo para o senhor e para eles", disse o fedorento, e se retirou.

Tudo isso aconteceu há dois anos. O mendigo recebeu o dinheiro regularmente durante um ano, até que, em uma auditoria, Tom encontrou o nome dele na folha de pagamento. Como não lembrava como aquele nome havia chegado até ali, pensou que a lista estava sendo inflacionada. De qualquer forma, mandou retirar o nome do mendigo da lista e instruiu o ascensorista a fazer valer o decreto contra os mendigos.

Ao não conseguir mais ver meu amigo, o mendigo lhe escreveu cartas condenatórias, escandalosas, abusivas e ameaçadoras. Finalmente, o mendigo apresentou o assunto a um membro gordo da lei, Jaggers, da firma Jaggers & Jaggers, que tomou o caso com base em uma remuneração condicional.

O caso foi a julgamento e Jaggers provou seu argumento de defesa (um absurdo): foi demonstrado pelos registros da defesa que Sua Bactéria havia estado na folha de pagamento e que seu nome havia sido retirado sem que ele sugerisse, solicitasse, ocasionasse ou desse motivo para isso.

O senhor Ranzinza provou o contrato e Tom levou um tapa na cara. Sentença a favor da acusação, mais os custos. O mendigo conseguiu o dinheiro enquanto Tom de Mineápolis ganhou experiência. Tom disse que o homem certamente perderia o dinheiro, mas ele mesmo já tinha conseguido sua parte, que duraria noventa e nove anos. Sem dúvida o espírito da justiça não dorme e há uma providência sábia e benevolente que cuida dos magnatas.

TRABALHO E DESPERDÍCIO

Considero as seguintes verdades evidentes: que o homem nasceu para ser feliz; que só é possível alcançar a felicidade por meio de esforços úteis; que a melhor maneira de nos ajudar é ajudando aos outros; e, normalmente, a melhor forma de fazer isso é cuidando da nossa própria vida; que o esforço útil significa o exercício correto de todas as nossas faculdades; que só crescemos com os esforços; que a educação deve ser contínua ao longo da vida, e as alegrias logradas com o esforço mental deveriam ser, especialmente, o consolo dos mais velhos; que onde há equilíbrio entre trabalho, diversão e estudo, a mente é a última a falhar e, sendo assim, a morte não causa temor.

Que ter riquezas nunca possa isentar um homem de um trabalho manual útil; que se todos trabalhassem um pouco, ninguém estaria sobrecarregado; que se ninguém desperdiçasse, todos teriam suficiente; que se ninguém enchesse a barriga de comida, ninguém passaria fome; que os ricos e "educados" necessitam de tanta educação quanto os pobres e analfabetos; que a existência de uma classe de "serviço" é uma condenação e uma desgraça para nossa civilização; que a desvantagem de ter uma classe de "serviço" recai principalmente sobre quem é servido, não em quem serve — assim como a verdadeira maldição da escravidão recai sobre os escravagistas.

Quem espera ser atendido por uma classe de "serviço" não pode perceber corretamente os direitos dos outros, pois desperdiça tempo e substância que são perdidos para sempre, e que só podem ser aparentemente reparados por esforço humano extra.

Quem vive do trabalho dos outros, sem se entregar em troca do máximo da sua capacidade, é realmente um consumidor de vida humana, portanto, não passa de um canibal.

Que cada um vivendo fará naturalmente o que pode fazer melhor, mas que no serviço útil não há altos e baixos.

Que separar um dia de sete como "sagrado" realmente é um absurdo e só serve para afrouxar nosso controle sobre o presente tangível.

Que todos os deveres, ofícios e coisas que são úteis e necessárias para a humanidade são sagradas, e que nada mais é ou pode ser sagrado.

A LEI DA OBEDIÊNCIA

O primeiro item no credo do bom senso é a *obediência*. Faça seu trabalho com todo o coração. A revolta pode ser necessária às vezes, mas quem tenta misturar revolta e obediência está fadado a decepcionar a si e a todos com quem lida. Temperar o trabalho com protesto é um completo fracasso.

Quando você se revolta, por que faz isso? Escale, caminhe, saia, contrarie! Mande tudo e todos ao inferno! Isso resolve o caso. Você, então, se separa completamente de quem você serviu — ninguém entende você mal — você já se declarou.

Quem desiste, com mágoas, quando recebe uma tarefa que considera servil ou injusta, pode ser um bom sujeito, mas está no ambiente errado. Já o insatisfeito que recebe a ordem com um sorriso e a desobedece em segredo é perigoso. Fingir obedecer e, ainda assim, carregar no coração o espírito da revolta é fazer um trabalho indiferente e desleixado. Se a revolta e a obediência forem iguais em poder, sua locomotiva estancará no meio da linha e você não ajudará ninguém, nem mesmo você.

O espírito da obediência é controlar o impulso que domina a mente receptiva e o coração hospitaleiro. Há barcos que cuidam do leme, outros que não. Os que não cuidam, mais cedo ou mais tarde, acabam batendo em uma rocha e afundando.

Para se manter longe das rochas, obedeça ao leme.

A obediência não é obedecer servilmente a alguém, é um estado mental alegre que responde à necessidade do caso e faz qualquer coisa sem desaforo — sejam explícitos ou não pronunciados.

Obediência à instituição — lealdade! Quem não aprendeu a obedecer tem problemas a cada passo do caminho. O mundo está sempre contra ele, porque ele está contra o mundo.

Quem não sabe receber ordens, não está apto para dar ordens a ninguém. Mas quem sabe como executar as ordens que recebe está preparando o caminho para dar ordens e, ainda melhor, para obedecerem às suas ordens.

SALVADORES DA SOCIEDADE

Ao longo dos tempos, a sociedade vem cometendo o erro de crucificar os salvadores junto dos ladrões.

Ou seja, a sociedade reconhece no salvador uma qualidade muito perigosa, algo nele parecido a um ladrão — e a carreira do salvador vem sendo subitamente interrompida.

Temos telefones e bondes, mas ainda não fomos muito longe no campo espiritual. Nosso raio-x não é capaz de nos dar informação do interior da alma.

A sociedade é tão indiferente e densa, tão estúpida e bestial, falta-lhe tanta visão espiritual que ela não sabe a diferença entre um ladrão e o único Filho Unigênito. Em um esforço frenético para esquecer sua superficialidade, ela recorre ao ping-pong, ao gamão e ao baralho, procurando se perder para encontrar consolo e conforto em jogos de fichas.

Somos informados em manchetes chamativas e reproduções fotográficas precisas de uma conferência em que os líderes da sociedade se reuniram para resolver um assunto de grande importância. Foi para construir escolas técnicas e fornecer um meio de educação prática e útil? Foi um plano de construção de um prédio de apartamentos de acordo com linhas científicas e sanitárias? Foi para disponibilizar fundos para pesquisa científica de vários tipos, que aportariam conhecimento e beneficiariam a humanidade? Não, não foi nada disso. A entidade se reuniu para determinar se a curvatura no rabo de um certo bulldog era natural ou tinha sido feita artificialmente.

Se o salvador viesse hoje e pregasse os mesmos ensinamentos que Ele revelou antes, a sociedade veria que a experiência Dele se repetiria. De vez em quando, piscam estupidamente e choram "Fora com Ele!", ou param seu jogo por um tempo justo apenas para passar fel e vinagre em uma lança para quem Ele forçou além dos limites.

Para a mulher que amou muito, a sociedade tem apenas um veredito: crucifique-a! Os melhores e os piores são enforcados em uma árvore.

Na renúncia que vemos em um grande amor, há uma qualidade divina que deixa a mulher muito perto do santo dos santos. Mas ela, não tendo cumprido os decretos da sociedade, é atacada sem cerimônia, e a sociedade, como Pilatos, lava as mãos querendo demonstrar inocência.

A PREPARAÇÃO PARA A VELHICE

Certa vez, um pupilo perguntou a Sócrates: "Que tipo de pessoa seremos quando chegarmos aos Campos Elísios?"

Eis a resposta de Sócrates: "Seremos o mesmo tipo de pessoa que somos agora".

Se há uma vida depois dessa, estamos nos preparando para ela agora, assim como hoje estou me preparando para minha vida de amanhã.

Que tipo de pessoa serei amanhã? Ah! Mais ou menos o mesmo tipo que sou hoje. O tipo de pessoa que serei próximo mês depende do tipo de pessoa que tenho sido esse mês.

Se eu for infeliz hoje, não está nas probabilidades que eu seja extremamente feliz amanhã. O Céu é um hábito. Se estivermos indo para o Céu, é melhor ir se acostumando a isso.

A vida é uma preparação para o futuro; a melhor forma de se preparar para ele é viver como se não houvesse futuro.

O tempo todo estamos nos preparando para a velhice. As duas coisas que tornam a velhice uma época bonita são a resignação e uma correta apreciação dos direitos dos outros.

Na peça teatral de *Ivan, o Terrível*, o interesse gira em torno de um homem, o czar Ivan. Se não fosse Richard Mansfield quem interpretasse o papel, não haveria nada para ver. Simplesmente temos uma ideia do que é a vida de um tirano que passou por toda a gama de ignorância, mau humor, egoísmo e impertinência. Aliás, esse homem tinha o poder de matar outros homens, algo que fazia por capricho e segundo seu estado de humor. Ele foi vingativo, cruel, briguento, tirânico e terrível. Mas, quando sente que a morte se aproxima, tenta fazer as pazes com Deus, só que ele atrasou demais esse assunto. Não entendeu durante a juventude e a idade adulta que estava se preparando para a velhice.

O homem é o resultado de causa e efeito; as causas, até certo ponto, estão nas nossas mãos. A vida é um fluido, e tem sido corretamente chamada de "a corrente da vida", pois estamos indo, fluindo para algum lugar. Despojado de suas vestes e da coroa, Ivan poderia muito bem ter sido um velho fazendeiro na aldeia de Ebenézer.[12] Toda cidade e toda vila tem seu Ivan. Para ser um Ivan, você só tem que soltar seu temperamento e praticar a crueldade com qualquer pessoa ou coisa que estiver ao seu alcance. O resultado será uma preparação segura para uma velhice rabugenta, briguenta, tumultuada, insuportável, melindrosa e tola, acentuada por explosões terríveis de ira, porém fúteis e ineficazes.

As birras não são exclusividade da infância. Os personagens do *Rei Lear* e de *Ivan, o Terrível*, têm muito em comum. Chegamos quase a acreditar que o escritor de *Ivan* sentiu a imperfeição do *Rei Lear* e viu o absurdo de fazer uma aposta melodramática pela simpatia em favor desse velho que foi expulso pelas filhas.

Lear, o problemático, cuja língua ágil estava sempre soltando palavras impublicáveis e desaforos, não merece a menor piedade nas nossas mãos. Durante toda sua vida, ele preparou as três filhas exatamente para o tratamento que ele ia receber. Ele cavou sua própria cova, que o levaria diretamente a uma escura tempestade na madrugada.

"Oh! Mais perigoso que o veneno de uma serpente é ter um filho mal-agradecido", lamentava-se.

Mas há algo tão terrível quanto ter um filho ingrato: ter pais ingratos — pais furiosos, irascíveis que têm um vocabulário rico em palavrões e uma disposição para usá-los.

O que destoa em *Lear* é dar a ele uma filha como *Cordélia*. Tolstoy e Mansfield soam verdadeiros, e Ivan, o Terrível, é o que é, sem dó nem piedade. É pegar ou largar — se você não gosta de obras de teatro desse tipo, vá assistir a frivolidades de vaudeville.

O *Ivan* de Mansfield é terrível. O czar não tem muita idade — não mais de setenta anos — mas é possível ver que a morte está muito perto. Ivan perdeu seu poder de descansar. Ele não pode ouvir, ponderar nem decidir — ele não tem consideração por nada, nem ninguém — esse é seu hábito de vida. Suas mãos ossudas nunca estão paradas — ele fecha e abre os dedos, cutuca as coisas o tempo todo. Mexe no crucifixo que usa, ajusta as joias,

12 Ebenézer é o nome de uma aldeia de Efraim onde os filisteus derrotaram os israelitas. (N. do T.)

arranha seu cosmos, faz o papel de advogado do diabo, se levanta nervoso e olha atrás do trono, prende a respiração para ouvir. Quando as pessoas se dirigem a ele, ele as condena furiosamente quando se ajoelham; e, se ficam de pé, ele as acusa de lhe faltar o respeito. Ele pede que seja liberado dos deveres do Estado, mas treme de medo ao pensar que as pessoas podem acreditar literalmente no que ele diz. Quando pede para continuar sendo o governante da Rússia, ele passa a amaldiçoar seus conselheiros e os acusa de enchê-lo de fardos que nem eles mesmos se empenhariam em carregar.

Ele é uma vítima do amor senil e, justamente aqui, se Mansfield desse mais um passo, seu realismo seria horrendo, mas ele para a tempo e deixa a entender o que não se atreve a expressar. Esse velho cambaleante, trêmulo e babão está apaixonado — a ponto de se casar com uma moça jovem e bela. Ele escolhe joias para ela — fala em como ela ficaria bonita, zomba, debocha e ri com voz estrondosa de falsete. Na vitalidade da juventude há algo agradável, natural; mas as manias de um velho, coisas puramente da sua cabeça, são de revoltar qualquer um.

As pessoas próximas a *Ivan* sentem um medo mortal dele, pois ele ainda é o monarca absoluto — ele tem poder de favorecer ou trazer desgraça, de ceifar vidas ou deixá-las ir. Elas riem quando ele ri, choram quando ele chora e observam seu humor volátil com o coração na mão.

Ele é um fervente religioso e geralmente se veste com o hábito e o capuz de um monge, com um crucifixo em volta do pescoço. Seu medo é morrer sem ter chance de se confessar e ser perdoado. Ele reza pelo Reino dos Céus o tempo todo, beija a cruz e, com a boca desdentada, intercala orações a Deus com maldições ao homem.

Se alguém fala com ele, ele olha para o outro lado, se desliza até que seus ombros ocupem todo o trono, coça as pernas e solta insultos continuamente — "Ai!", "Oh!", "Claro!", "Certamente!", "Ugh!", "Escute-o agora!". Há um lado cômico nisso tudo, que ameniza a tragédia e evita que a peça se torne grotesca.

Relances do passado de *Ivan* aparecem como confissões agitadas — ele é o homem mais miserável e infeliz de todos, e você vê que ele está colhendo o que plantou.

Ele se preparou a vida toda para isso. Cada dia é a preparação para o próximo. Ivan morre em um acesso de raiva, jogando maldiçoes na sua família e na corte — morre num ataque de fúria provocado de propósito por um homem que sabe que o rompante certamente vai matar o monarca enfraquecido.

Para onde irá *Ivan*, o *Terrível*, quando a morte bater à sua porta?

Não sei. Mas acredito nisso: nenhuma confissão pode absolvê-lo, nenhum padre pode salvá-lo, nenhum Deus pode perdoá-lo. Ele se condenou, começou esse trabalho na juventude. Ele se preparou toda a vida para essa velhice, e essa velhice estava se preparando para o quinto ato.

O dramaturgo não diz isso, Mansfield também não, mas a lição é a seguinte: o ódio é um veneno, a ira é uma toxina, a sensualidade leva à morte e as garras do egoísmo são uma tocha para o fogo do inferno. Tudo é uma questão de preparação — causa e efeito.

Se você quiser ser absolvido dos pecados, deve se absolver, pois ninguém mais poderá fazer isso. Quanto antes começar, melhor.

Com frequência ouvimos falar das maravilhas da velhice, mas a única velhice bonita é a que o homem prepara mediante uma vida de virtudes. Todos estamos nos preparando agora para a velhice.

Em algum lugar do mundo pode haver um substituto para a Boa Natureza, mas não sei onde encontrá-lo.

O segredo da salvação é esse: seja bom.

UMA ALIANÇA COM A NATUREZA

Meu pai é um médico que exerceu a medicina por 65 anos, e ainda trabalha.

Eu também sou médico.

Tenho 50 anos; meu pai, 85. Moramos na mesma casa e diariamente saímos para cavalgar ou para caminhar pelos campos e bosques. Hoje fizemos nosso pequeno passeio de cinco milhas e voltamos pelo campo.

Nunca fiquei um dia doente — nunca consultei um médico profissionalmente. Na verdade, nunca perdi uma refeição por não poder comer. Quanto ao autor de *Uma Mensagem Para Garcia*, ele defende de forma esotérica a ideia de que aplicar um pedilúvio quente e tomar pequenas doses de chá de lúpulo resolvem a maioria das doenças curáveis; até agora, a maioria das suas indisposições foi curável — algo que ele pode provar.

O valor do pedilúvio reside em que ele tende a equilibrar a circulação, sem contar a questão da higiene; já o do lúpulo, ser uma planta amarga e desagradável de tomar.

Essas duas prescrições dão ao paciente a sensação reconfortante de que algo está sendo feito por ele. Na pior das hipóteses, não lhe causam nenhum prejuízo.

Meu pai e eu não concordamos sempre quando são assuntos da vida. Dessa forma, a existência nunca se resolve para nós de uma forma aborrecida. Ele é batista e eu sou vegetariano. Às vezes, ele me chama de "imaturo" e recorremos diariamente à lógica para provar os preconceitos; também procuramos na história reforçar o que é preconcebido. Mas, nos seguintes pontos, estamos juntos, sólidos:

Primeiro: 99% das pessoas que vão ao médico não têm doença orgânica; simplesmente sofrem de um sintoma devido suas próprias leviandades.

Segundo: dos indivíduos que sofrem alguma doença, nove entre dez sofrem apenas pelos efeitos ruins acumulados de um medicamento.

Terceiro e logo a proposição: a maioria das doenças é resultado de medicamentos prescritos para aliviar e eliminar um sintoma benéfico de advertência da sábia natureza.

A maior parte do trabalho dos médicos no passado foi prescrever medicamentos para aliviar sintomas; a diferença entre ter uma doença real e um sintoma é algo que a pessoa comum ainda nem sabe.

O curioso é que, nesse aspecto, todos os médicos concordam entre si. O que digo aqui é meramente uma obviedade, banalidade e lugar-comum.

Semana passada, conversando com um eminente cirurgião em Búfalo, ele disse: "Realizei mais de mil laparotomias; meus registros dizem que, em cada caso, exceto nas que foram devido a acidentes, o sujeito tinha o costume do que se conhece por 'Hábito de Beecham', o uso de ervas e laxantes".

As pessoas que você vê nos consultórios dos médicos, na maior parte, sofrem de um envenenamento causado pelo excesso de comida. Juntamente a isso, estão os maus resultados da respiração imperfeita, sono irregular, falta de exercício e uso impróprio de estimulantes, ou ainda a ideia do medo, inveja ou ódio. Todos esses elementos, ou qualquer um deles, irá causar febre, calafrios, pés frios, congestão e fezes alteradas em muitas pessoas.

Para administrar medicamentos a um homem que sofre de desnutrição devida a um desejo de "ajustar as contas" e a uma falta de ar fresco, simplesmente deve-se combinar seus problemas, embaralhar suas doenças e deixá-lo pronto para a anestesia com o cone de éter e o bisturi.

A natureza está sempre tentando manter bem as pessoas. A maioria das chamadas "indisposições", cujo nome significa literalmente a falta de disposição, é autolimitada e tende a melhorar sozinha. Se tiver apetite, não coma muito. Se não tiver apetite, não coma nada. Seja moderado no uso de tudo, exceto com o ar fresco e a luz do sol.

O tema do *Eclesiastes* é a moderação. Buda escreveu que a maior palavra em qualquer idioma é a Equanimidade. William Morris disse que a maior bênção da vida é o trabalho útil, sistemático. São Paulo declarou que não há nada mais sublime na vida que o amor. A moderação, a equanimidade, o trabalho e o amor: você não precisa de outro médico.

Ao afirmar isso, estabeleço uma proposição sobre a qual concordam todos os médicos; ela também foi expressa por Hipócrates, o "pai da medicina", e logo reformulada por Epíteto, o escravo, a seu pupilo, o grande imperador romano Marco Aurélio, e ficou conhecida por todos desde então: moderação, equanimidade, trabalho e amor!

A QUESTÃO DO EX

Às vezes, algumas palavras ficam marcadas, pois provocam estigmas até que, finalmente, são descartadas. Até a época de Elizabeth Fry, o "anjo das prisões", aparecia a palavra "casa de loucos" nos registros oficiais da Inglaterra. Logo, foi apagada e substituída pela palavra "asilo". Em vinte anos, em vários estados dos Estados Unidos, descartamos a palavra "asilo" e a substituímos por "hospital".

Em Jeffersonville, cidade em Indiana, há um "reformatório" que alguns anos atrás era conhecido como penitenciária. A palavra "prisão" gerava um efeito deprimente e "penitenciária" jogava uma sombra teológica, assim, tiveram que mudar as palavras. Da mesma maneira como nossas ideias sobre os criminosos mudam, também mudamos nosso vocabulário.

Há poucos anos, falávamos de asilos para surdos-mudos — e a palavra "mudo" agora foi retirada de todos os documentos oficiais de todos os estados da União, pois descobrimos, com a ajuda de Gardner G. Hubbard, que as pessoas surdas não são mudas e, não tendo defeitos, certamente não precisam de um asilo. Na verdade, elas precisam é de escolas; assim, criamos escolas para surdos em toda parte.

As pessoas surdas são tão capazes, competentes e habilidosas para ganhar a vida honestamente quanto um alguém que pode escutar.

A "sentença indeterminada" é um dos expedientes mais sábios já usados no direito penal. É somente para essa geração que deve ser dada a honra de usá-la primeiro. Digamos que o infrator é condenado a uma sentença de um a oito anos. Isso significa que, se o prisioneiro se comportar bem, obedecer às regras, demonstrar que quer ser útil, ele receberá liberdade condicional e será liberado ao final de um ano.

Caso se comporte mal e não comprove que seja adequado liberá-lo, ele permanecerá preso por dois ou três anos, e, possivelmente, pode ter que cumprir os oito anos da sentença. "Por quanto tempo você ficará preso?", perguntei a um condenado em Jeffersonville, que estava cuidando das flores. "Eu? Ah! Ficarei por dois anos, com o privilégio de catorze", foi a resposta que ele deu, sorrindo.

O antigo plano de "pouco tempo", que permitia baixar dois ou três meses da sentença de cada ano (por bom comportamento), era uma mudança na direção correta, mas a sentença indeterminada logo será a regra em toda parte para os réus primários.

A sentença indeterminada dá ao próprio homem a responsabilidade pela duração do seu confinamento e tende a aliviar o horror que é a vida da prisão, conservando esperança. O homem tem a ideia do período curto constantemente na cabeça e geralmente é muito cuidadoso para não fazer nada que ponha em risco essa situação. As rebeliões e tentativas de fuga podem significar que cada dia do restante da longa sentença tenha que ser cumprido.

Então, até a mente mais estúpida e o sujeito mais calejado entendem que vale a pena fazer o que é correto — a lição é reforçada de uma forma nunca vista.

O antigo preconceito dos homens de negócios contra o homem que tinha "cumprido a pena" era principalmente contra sua incompetência, não contra sua história. Os métodos da prisão eram ruins para o prisioneiro, para o guarda e para a sociedade: métodos que geravam um homem rancoroso, deprimido e assustado; um homem reprimido pelo sistema do silêncio e deformado pelo cumprimento rigoroso; um homem calejado pelo tratamento brutal, pelo pensamento constante "sou um criminoso" que pairava sobre ele. Até mesmo um homem honesto poderia ser arruinado por tal tratamento e, em um ano, ser transformado em um homem astuto, dado a atos clandestinos e moralmente doente. Os homens recém-saídos da prisão eram incapazes de fazer nada. Precisavam de supervisão constante e de atenção e, claro, não nos preocupávamos em lhes oferecer trabalho.

O ex-presidiário atual é um homem totalmente diferente dos que saíam da prisão vestindo seus ternos nos anos 1870, graças ao controverso reformador Brockway e a alguns outros.

Podemos ter que prender homens pelo bem deles e da sociedade, mas não os punir. A prisão é já suficiente castigo; acreditamos que os homens são castigados pelos seus pecados, não por causa deles.

Agora, quando são enviados a reformatórios, o esforço e a esperança são para devolver à sociedade uma pessoa melhor do que a que entrou.

O juiz Lindsey encaminha meninos ao reformatório sem a escolta de policiais ou guardas. Os meninos vão por conta própria, levando os próprios documentos do internamento. Eles batem ao portão pedindo para serem admitidos em nome da lei. O menino acredita que o juiz Lindsey é seu amigo e que a razão de ter sido enviado ao reformatório é que ele pode colher uma melhoria que sua plena liberdade não pode oferecer. Quando recebe seus papéis do internamento, já não está em guerra contra a sociedade e os guardiães da lei. Ele acredita que o que está sendo feito por ele é o melhor, então vai para a prisão, que na realidade nem é uma prisão — é uma escola onde ensinam ao rapaz a economizar tempo e dinheiro, e a se tornar uma pessoa útil.

Outras pessoas trabalham por nós, então devemos trabalhar por elas. Essa é a maior lição que o menino aprende. Você só pode ajudar a si mesmo ao ajudar os outros.

Agora, aqui há uma proposição: se um menino pegar seus papéis do internamento, for à prisão sozinho, desacompanhado, é necessário que ele fique lá trancado, encurralado em uma pocilga, vigiado por guardas armados com implementos mortíferos?

O superintendente Whittaker, da instituição em Jeffersonville, Indiana, entende que não. Ele acredita que dentro de dez anos eliminaremos os muros altos e manteremos as armas carregadas longe de vista; em grande parte, também retiraremos as barras das janelas das prisões, assim como fizemos nas janelas dos hospitais para os loucos.

No reformatório pode ser preciso ter uma guarita por alguns anos ainda, mas os muros altos têm que desaparecer, como fizemos com o bloqueio, o sistema de silêncio e o vergonhoso uniforme listrado, todos abandonados como uma velha manta de retalhos perdida na memória.

Quatro entre cinco homens no reformatório de Jeffersonville não precisam ser coagidos; eles não fugiriam se demolissem as paredes ou deixassem as portas abertas. Um jovem que vi lá recusou a liberdade condicional que ofereceram — alegou que queria permanecer até que aprendesse seu ofício. Ele não era o único com essa atitude.

A qualidade dos homens que estão em uma prisão comum é mais ou menos a mesma dos homens que se alistam no Exército dos Estados Unidos. Quem se alista é um prisioneiro, pois fugir é um delito gravíssimo; ainda assim, não está preso durante a noite nem cercado por muros altíssimos.

A George Junior Republic é simplesmente uma fazenda, sem cercas e sem vigilância, exceto pelos meninos que estão lá. Ainda assim, é um estabelecimento penal. A prisão do futuro não será muito diferente de um colégio interno para moças, onde ainda prevalece a prática de levar os internados todos juntos para sair com um guarda, além de não deixarem ninguém sair sem uma autorização por escrito.

À medida que a sociedade muda, o assim chamado criminoso também muda. Em todo caso, sei que o ilustre intelectual Max Nordau não defendeu o argumento.

Não existe a classe criminosa.

Senão, seríamos todos criminosos. "Tenho dentro de mim a capacidade para cometer todos os tipos de crimes", disse Emerson.

O homem ou a mulher que erram são vítimas de um ambiente cruel. O educador Booker Washington diz que quando uma pessoa negra tem algo que queremos, ou quando pode realizar uma tarefa que queremos que seja feita, renunciamos ao assunto da cor, então, a raça deixa de ser um problema. O mesmo acontece com o ex-presidiário. Quando ele conseguir demonstrar que é útil para o mundo, deixarão de evitá-lo. Quando o superintendente Whittaker forma um homem, essa é uma excelente evidência de que o homem é capaz e deseja prestar um serviço à sociedade.

Os únicos lugares onde o ex-presidiário é menosprezado são em reuniões de orações e nos *pink teas*[13]. O que ele deve fazer é trabalhar o dia inteiro e depois passar as noites na biblioteca, alimentando a mente — assim está seguro.

Se eu fosse um ex-presidiário, teria receio de todas as associações do tipo "refúgios", "Braços Protetores", "Sociedades de Saint Andrew" e "Assentamentos universitários filantrópicos". Eu nunca iria a esses bons profissionais, ou profissionais "boas pessoas", que apadrinham os pobres e cospem nos supostos malfeitores; que traçam linhas nítidas de demarcação para separar os "bons" dos "maus". Se você pode trabalhar e quer trabalhar, os homens de negócios não vão impor essa divisão. Consiga um trabalho e se aferre a ele, tornando-se necessário. Os próprios empregadores e os ex-presidiários estão rapidamente resolvendo essa questão com ajuda do tipo avançado de reformatório, onde se ensina como ser útil aos detentos; onde eles não são castigados nem apadrinhados, mas simplesmente recebem uma oportunidade. Meu coração se solidariza com quem dá uma oportunidade a um pobre diabo. Eu mesmo sou um pobre diabo!

---

13 A expressão surgiu no século XIX e originalmente se referia a chás elegantes organizados por mulheres da elite, muitas vezes para fins beneficentes ou discussões culturais. (N. do T.)

O SARGENTO

Um coronel do Exército dos Estados Unidos me comentou outro dia algo assim: O oficial mais valioso, o que tem a maior responsabilidade, é o sargento. O verdadeiro sargento não se faz; já vem pronto de berço — ele é um presente inestimável dos deuses. Ele é tão valorizado, que quando o encontram, ele nunca é promovido, nem aceitam que ele renuncie. Se ele está insatisfeito com o salário, o capitão, o tenente e o coronel contribuem — eles não podem se dar ao luxo de perdê-lo. Ele é uma espécie rara — sua menina dos olhos.

O primeiro requisito é ser capaz de derrotar qualquer homem do regimento. Um soldado bêbado pode lançar maldições de toda ordem contra um capitão, mas ele não pode nem reagir. Ele tampouco pode revidar com um murro, nem se meter em um bate-boca e xingamentos, mas um sargento habilidoso sabe muito bem como lidar com essas duas façanhas. Mesmo se um soldado bater em um oficial, o oficial não tem permissão de revidar. Talvez o homem que o ofende possa vencê-lo facilmente em uma luta corporal, o que já é um ótimo motivo para não sujar as mãos. Dizemos que o revólver iguala todos os homens, mas não é bem assim. É desagradável atirar em um homem. Isso espalha massa encefálica e sangue por toda a calçada, atrai uma multidão, exige muita explicação depois e pode custar ao oficial sua insígnia. Nenhum oficial que seja digno de ser chamado assim jamais dará ouvidos ao que um subalterno diz sobre ele.

O sargento ouve tudo e sua resposta ao desleixo é um golpe certeiro na mandíbula. O sargento responde somente perante seu capitão; nenhum bom capitão saberá nunca o que um sargento faz, tampouco vai acreditar no que lhe disserem. Se houver uma briga entre dois soldados, o sargento se intromete, bate na testa deles e derrota os dois. Se um homem finge que está doente, ou caso esteja bêbado, o sargento o deixa sob pressão. Os regulamentos não exigem esse tratamento, mas o sargento não sabe nada de regulamentos — ele executa o trabalho. O sargento pode ter vinte ou sessenta anos, a idade não conta. O sargento é um pai para seus homens, ele os considera todos como filhos, ainda que rebeldes. Seu trabalho é torná-los corajosos, honrados e responsáveis.

O sargento é sempre o primeiro a se levantar de manhã e o último a ir dormir. Ele sabe onde estão seus homens a cada minuto do dia ou da noite. Se eles realmente estiverem doentes, ele é tanto médico como enfermeiro e indica com cuidado ao cirurgião o que deve ser feito. Ele também é coveiro: o trabalho de cavar trincheiras e colocar latrinas também é dele. Ao contrário de oficiais superiores, ele não tem que se vestir com elegância, ele pode muito bem descartar o fardamento e andar vestido como um caminhoneiro, exceto em ocasiões especiais em que se exige o uniforme militar de gala.

Ele sabe de tudo, mas, ao mesmo tempo, nada sabe. Nenhuma escapada selvagem de um oficial superior passa despercebida por ele, mas ele nunca conta.

Agora, alguém poderia imaginá-lo como um tirano absoluto, mas um bom sargento é um tirano benevolente na hora certa. Quebrar o ânimo dos seus homens não é uma opção, pois isso os incapacitaria para o serviço militar. Assim, o que ele procura fazer é simplesmente convencê-los de que pensem como ele. Pouco a pouco, passam a amá-lo e a temê-lo. Em épocas de conflito real, ele transforma covardes em heróis. Ele mantém seus homens à altura do risco. Na batalha, muitas vezes, há certos oficiais marcados para morrer — eles devem ser mortos por seus próprios homens. É a hora da vingança: com o tumulto e a agitação, não há testemunhas. O sargento está sempre à espreita desses motins e seu revólver neutraliza geralmente o cabeça da revolução antes que ocorra a conspiração diabólica. Em tempos de guerra, todas as execuções são não judiciais.

Na realidade, o sargento é o único combatente real e seguro do exército. Ele é um artigo tão raro quanto dente de passarinho; todo oficial examina seus recrutas com avidez, em busca de algum com temperamento de sargento.

Na vida profissional, um homem com instinto de sargento é ainda mais valioso do que no exército. Nos negócios, o sargento é o homem que não está em evidência. Ele não espera elogios nem flores; ele sabe onde estão as coisas, não tem ambições externas nem outro desejo a não ser o trabalho. Se for muito esperto, armará planos e tramas para se promover, mas, dessa forma, isso pode ser sua ruína.

Como indivíduo, o soldado médio é um dedo-duro, um esquivo, um fracassado, um covarde. Só tem valor quando é surrado até entrar em forma. Acontece praticamente o mesmo nos negócios. Parece difícil dizer isso, mas o empregado médio de uma fábrica, loja ou mercado deixa o mostrador do relógio envergonhado de tanto olhar para ele; ele só pensa no cheque de pagamento e tenta localizar o chefe só para ter o mínimo trabalho possível. Em muitos casos, a culpa é da tirania do empregador. Porém, mais frequentemente, a suspeita do dono brota naturalmente e isso faz o vendedor oferecer somente o indispensável.

Então chega o sargento, olhos atentos e nervos incansáveis, para acabar com a hora do recreio. Se ele for muito severo, plantará nos esquivos a disposição para que se tornem ainda mais ariscos; mas, se o sargento tiver de melhor gênio, poderá suprir um pouco mais de determinação àqueles que não a têm, criando, gradualmente, uma atmosfera de boas intenções. Assim, a única vergonha do empregado consistiria em fugir do fiscalizador e manter um ouvido atento para pegar os próximos passos do chefe.

Não há o menor risco de que haja sargentos em excesso. Deixe o sargento fora de greves, intrigas e rixas. Deixe que ele conserve seu temperamento e mostre a informação essencial; ele poderá definir seu próprio salário e manter a posição por noventa anos sem ter um contrato.

O ESPÍRITO DA ÉPOCA

Quatrocentos e vinte e cinco anos antes de nascer o nazareno, Sócrates afirmou: "Os deuses estão no alto do Olimpo, mas eu e você estamos aqui". Por esse e por outros comentários semelhantes, ele foi obrigado a tomar um substituto do café. Ele era um infiel! Nos últimos trinta anos, a maioria das igrejas cristãs adotou a proposição socrática de que você e eu estamos aqui. Ou seja, progredimos ao nos afastar da teologia limitada e ao reconhecer a humanidade. Não sabemos nada sobre o Olimpo ou os Campos Elísios, mas sabemos algo sobre Atenas.

Atenas está aqui.

Atenas nos necessita — os gregos estão à porta. Deixe os deuses cuidarem dos Campos Elísios e nos tornemos devotos de Atenas.

Esse é o espírito que predomina nas igrejas da América hoje. Nossa religião é humanitária, não teológica.

Uma evolução similar ocorreu na medicina. Os medicamentos de vinte e cinco anos atrás hoje estão obsoletos. Nenhum bom médico hoje trata os sintomas — tampouco lhe dá algo para aliviar a dor de cabeça ou acalmar o estômago. Esses sintomas são o tilintar oportuno de avisos da natureza, atenção! O médico, então, explica isso a você, cobra honorários caros para impressioná-lo e mostrar que ele não é tolo, mas você sim.

O advogado que agora recebe os maiores honorários nunca é visto em um tribunal. Os litígios agora, na maioria, são de ações por danos — conduzidas por clientes que querem algo a troco de nada —, e pequenos advogados, tubarões famintos, que trabalham por remuneração condicional. Três quartos do tempo de todos os tribunais superiores e supremos são ocupados pelo

Sr. Fedor, que processa o Sr. Bactéria, e traz o Sr. Rabugento como principal testemunha, por danos indevidos, seja de fato ou de direito.

Como se livrar desse fardo imposto sobre nós por homens que não têm nada a perder é uma grande questão para o legislador médio. Algo que só pode ser resolvido por medidas heroicas, conduzidas por advogados que não estão metidos na política e que demonstrem completa indiferença pela popularidade barata. Aqui está a oportunidade para homens de coragem e com habilidade, mas o ponto é que os homens de negócio que são sábios se mantêm longe dos tribunais. Eles arbitram suas divergências — fazem acordos —, eles não podem se dar ao luxo de abandonar o trabalho para se vingar. Quanto a ganhar dinheiro, eles conhecem uma maneira melhor.

Na teologia, estamos renunciando a distinções e nos dedicando ao espírito divino apenas quando ele se manifesta na humanidade. Estamos falando cada vez menos no outro mundo e prestando mais atenção àquele que habitamos. Claro que às vezes temos julgamentos de heresias, as imagens do ofensor e do Bispo Gordo adornam a primeira página, mas esses julgamentos não são acompanhados de cadafalso ou varas de madeira — são inócuos e absolutamente inofensivos.

Na medicina, acreditamos mais em nós do que nas prescrições.

Na pedagogia, estamos ensinando cada vez mais pelo método natural — aprendendo ao fazer — e cada vez menos por imposições e doutrinas.

Na penologia, visamos educar e melhorar, em vez de reprimir, constranger ou punir.

Ou seja, os deuses estão no alto do Olimpo. Deixemos que sigam por lá. Atenas está aqui.

O GRAMÁTICO

A melhor maneira de aprender a escrever é escrevendo.

O polímata Herbert Spencer nunca estudou gramática até aprender a escrever. Ele estudou gramática aos sessenta, uma idade boa para começar a esse assunto interessante. Ao atingir essa idade, você já perdeu em grande parte sua capacidade de pecar.

Os homens que sabem nadar muito bem não são os que tiveram aula sobre a teoria do nado em piscinas cobertas, com professores dessa arte anfíbia — são os meninos que pulam no velho buraco de natação, que voltam para casa com as camisas ao avesso e indícios de cabelo molhado.

As escolas por correspondência para domar os rudes não são nada; os tratados sobre a fina arte do galanteio são inúteis — siga o exemplo da natureza.

A gramática é o apêndice vermiforme da ciência pedagógica: tão inútil quanto a letra "Q" no alfabeto, ou o proverbial chifre em cabeça de cavalo, algo que simplesmente não se encontrará.

"O estilo literário da maioria dos homens na universidade é comum, quando não positivamente ruim", escreveu Herbert Spencer já idoso.

"Todos os ingleses instruídos escrevem de forma parecida", afirmou Taine. Ou seja, homens cultos que foram treinados a escrever segundo regras fixas e imutáveis de retórica e gramática escreverão redações parecidas. Eles não têm estilo literário, pois o estilo é individualidade e caráter — o estilo é o homem, a gramática tende a obliterar a individualidade. Nenhum estudo é tão aborrecido para todos, exceto para os diletantes que o ensinam, como a gramática. Ela permanece para sempre como um sabor amargo na boca de um homem de ideias e conseguiu afastar inúmeras mentes brilhantes do desejo de se expressar através da palavra escrita.

A gramática é a forma cerimoniosa de usar as palavras. O homem que não sabe como cumprimentar adequadamente sua avó na rua até que tenha consultado um livro está sempre preocupado com os tempos verbais, a ponto de sua imaginação romper a linguagem e escapar.

O gramático é alguém cujo único pensamento é encadear as palavras de acordo com uma fórmula estabelecida. O conteúdo em si do que ele deseja transmitir é de importância secundária. Os oradores que mantêm seus pensamentos sobre a maneira correta de gesticular não impressionam ninguém.

Se ser gramaticalmente incorreto fosse um pecado contra a decência ou uma tentativa de envenenar a mente das pessoas, poderia ser bastante sensato contratar homens para proteger o poço do inglês contra a contaminação. Mas uma língua estagnada é uma língua morta — a única água pura é a água corrente. E o poço que não é alimentado por nascentes certamente propagará doenças.

Deixe que os homens se expressem de sua própria maneira. Caso se expressem mal, veja você, seu castigo será que ninguém lerá suas efusões literárias. O esquecimento e seu manto sufocante estão à espreita do escritor que não tem nada a dizer e que faz isso sem errar.

Para cozinhar sopa de lebre, sou informado pela melhor autoridade culinária de que o primeiro requisito é pegar sua lebre. O ajudante literário que tiver algo que oferecer a um mundo faminto encontrará a maneira de preparar seu fricassê.

A MELHOR RELIGIÃO

Uma religião que pregue apenas ser bondoso seria uma excelente opção, concorda?

Mas uma religião de bondade e de esforço útil é praticamente uma religião perfeita.

Costumávamos pensar que a crença do homem em um dogma era o que garantiria seu lugar na eternidade. Isso porque acreditávamos que Deus era um velho nervoso e rabugento, além de estúpido, melindroso e ditatorial. Um homem realmente bom não o condenaria mesmo se você não gostasse dele, ao contrário de um homem mau.

Como nossas ideias a respeito de Deus mudaram, nós mesmos mudamos para melhor. Ou, à medida que pensamos melhor de nós mesmos, também pensamos melhor de Deus. O que nos leva a um lugar melhor no mundo (se houver um) é o caráter; assim como também é nosso caráter que fixa nosso lugar aqui.

Estamos construindo o caráter dia a dia. A melhor maneira de conseguir isso é sendo bom e útil.

PENSE DIREITO E AJA CORRETAMENTE; É O QUE PENSAMOS E FAZEMOS QUE NOS TORNA O QUE SOMOS.

ENCONTRE MAIS
LIVROS COMO ESTE